Jürgen Jankofsky

MERSEBURG -
50 Persönlichkeiten aus 1000 Jahren Geschichte

Jürgen Jankofsky

**50 Persönlichkeiten
aus 1000 Jahren
Geschichte**

MERSEBURG-

Anita Tykve Verlag

Herausgeber:
Xing-Hu Kuo

Die Deutsche Bibliothek – CIP-Einheitsaufnahme

Jankofsky, Jürgen:
Merseburg : 50 Persönlichkeiten aus 1000 Jahren Geschichte /
Jürgen Jankofsky. – Böblingen: Tykve, 1992
  ISBN 3-925434-59-3

© 1992 Anita Tykve Verlag, Postfach 1561,
D (W)-7030 Böblingen,
Telefon: 0 70 31/38 54 36, Fax: 3 23 35

Umschlaggestaltung: Božica Jurgec-Krohmer, EVG Werbung & Publishing
Gesamtherstellung: EVG Werbung & Publishing

ISBN 3-925434-59-3

INHALT

Zum Geleit

Die Geschichte einer Stadt kann sich dem interessierten Zeitgenossen nicht nur über das immer ein wenig trockene Raster der Geschichtszahlen, sondern auch über die Darstellung des Wirkens von Persönlichkeiten erschließen, die mit der Stadt und ihrer Entwicklung in besonderer Weise verbunden sind.

Durch eine gelungene Auswahl dieser Personen und die lebendige Darstellung ihres Wirkens gelingt es dem Autor Jürgen Jankofsky sehr gut, die über tausendjährige Geschichte unserer Stadt Merseburg schlaglichtartig vor dem Auge des Lesers lebendig werden zu lassen, wobei auch die jüngste Entwicklung nicht ausgeklammert wurde.

Für die Herausbildung einer Verbundenheit mit der Stadt, in der man lebt und arbeitet, ist die Kenntnis ihrer Geschichte eine wesentliche Voraussetzung, denn nur wer die Geschichte kennt, kann sich Erscheinungen der Gegenwart kausal zuordnen und damit letztlich begreifen. Und da mit der Heimatverbundenheit immer auch die Bereitschaft wächst, sich für die Entwicklung der Stadt und der Region zu engagieren, kommt solchen heimatgeschichtlichen Veröffentlichungen in den Medien und auf dem Buchmarkt in der Zeit des Umbruchs, in der wir uns befinden, eine große Bedeutung zu. Kann doch so vermittelt werden, daß aufbauend auf dem, was unsere Vorfahren geleistet haben, alle Bürger daran mitarbeiten sollten, daß unsere Stadt, wie auch in der Vergangenheit, wieder einen wichtigen und geachteten Platz einnimmt in der Gemeinschaft der Städte unseres endlich wieder geeinten deutschen Vaterlandes.

In diesem Sinne wünsche ich dem vorliegenden Buch viele interessierte Leser und insgesamt eine freundliche Aufnahme.

Herwig Hübner
Bürgermeister der Stadt Merseburg

Denkmal Heinrich I. in Merseburg

geboren um 875, heiratet Hatheburg, die Tochter des
Merseburger Grafen Erwin, dann 909 Mathilde aus
westfälischem Adel, erweitert durch beide Ehen seinen
Einflußbereich, folgt 912 seinem Vater Otto als Herzog von
Sachsen nach, wird alsbald zum mächtigsten Fürsten des
Ostfrankenreiches und schließlich 919 in Fritzlar zum König
gewählt, festigt die Zentralmacht, leitet so die Entwicklung
zum deutschen Reich ein, gliedert 925 Lothringen an,
beginnt 928/29 die Eroberung der Elbslawengebiete, schließt
mit den Ungarn einen neunjährigen Waffenstillstand, baut in
dieser Zeit das Burgensystem aus und eine Panzerreiterei auf,
besiegt die wieder eingefallenen Ungarn 933 bei Riade, stirbt
am 2.7.936 in Memleben.

Heinrich I.

Heinrichs erste Liebe galt einer Merseburgerin. Hatheburg hieß die Auserwählte und war die Tochter und einzige Erbin des Merseburger Grafen Erwin. Zwar trauerte Hatheburg noch um ihren verstorbenen Mann und hatte verwitwet sogar gelobt, künftig als Nonne zu leben, das alles konnte Heinrich aber nicht abhalten, um sie zu werben. Tatsächlich wurden die beiden ein Paar. Als Heinrich aber erfuhr, daß eine Verbindung mit der einflußreichen und begüterten Mathilde, einer Nachfahrin des mächtigen Westfalen Widukind, möglich sei, nahm er die Proteste der Kirche gegen seine Ehe mit Hatheburg an und ließ sich scheiden. Das Erbe Hatheburgs, vor allem die umfänglichen Merseburger Ländereien, übertrug Heinrich jedoch nicht ihrem gemeinsamen Sohn Thankmar, sondern verfügte darüber auch weiterhin und uneingeschränkt selbst.

Und Heinrich verstand es in den folgenden Jahren offenbar, seine Merseburger Besitztümer zu mehren; eine für die Entwicklung der Pfalz und somit auch der Stadt zweifellos glückliche Fügung. Heinrich wurde Herzog von Sachsen, Heinrich wurde als erster Sachse König Ostfrankens, ein Reich, das auseinanderzufallen drohte, durch Heinrichs geschickte Regierung aber allmählich zum Deutschen hinüberwuchs. König Heinrich I.

In Merseburg ließ er die langgestreckte Anhöhe über der Saale, den späteren Domberg, unter Einbeziehung der Burgen über dem nördlichen wie südlichen Hügelende, durch Mauern sichern. In der Vorstadt siedelte Heinrich I. die *legio Mesaburiorum*, eine Truppe von Gesetzesbrechern, an. Schon Karl der Große hatte im *Capitulare Saxonicum* verfügt, daß Übeltäter, die nach sächsischem Recht des Todes wären, vom König in einer Grenzmark angesiedelt werden können. Die damit verbundenen Pflichten,

Grenzverteidigung und Teilnahme an Vorstößen in Nachbars-
land, kamen wohl einer Hinrichtung auf Zeit gleich. Offensicht-
lich bedurfte die Grenzfeste Merseburg am Grenzfluß Saale des
Schutzes einer solchen Legion. Und auch ein trutziges, steinernes
Gotteshaus wurde unter Heinrich I. in Merseburg erbaut, die
Johanneskirche.

Nicht die benachbarten Slawen jedoch bedrohten vordergründig
Heinrichs Reich, sondern die Reiterscharen der Ungarn. Nach
deren letzten verheerenden Einfall war es Heinrich I. gelungen
gegen Tributverpflichtungen einen neunjährigen Waffenstillstand auszuhandeln. Diese Zeit nutzte er klug, um sein Heer und
sein Land, und so auch die wichtige Bastion Merseburg, bestmöglich zu wappnen. Da dürften die *agrarii milites*, Fußtruppen
und vor allem die neugeschaffene Panzerreiterei, auch an der
Saale des öfteren geübt haben.

Und 933 war es dann soweit. Heinrich I. verweigerte den fälligen
Tribut, und prompt fielen die Ungarn in Thüringen und Sachsen
ein. Und als dem König dann die Nachricht überbracht wurde,
der Feind stünde bei Merseburg, zog er den gesamten Heerbann
zusammen und den Magyaren kampfentschlossen entgegen. Wo
genau es schließlich am 15.März zur Schlacht kam, läßt sich mit
Bestimmtheit nicht sagen. Der überlieferte Schlachtort Riade
bezeichnet wohl nur ein schilfreiches, ein Riedgebiet eben. Histo-
riker und Heimatforscher suchten Riade südlich Merseburgs, bei
Keuschberg, doch fundierter offenbar auch an der Unstrut, bei
Kalbsrieth vor allem. In den meisten Überlieferungen ist aber
davon die Rede, daß König Heinrich sein Lager in einem Ried
nordwestlich von Merseburg aufschlug. Warum sollte er also,
nachdem er höchstwahrscheinlich von Westen her vorgerückt
war, aus diesem Schilfgebiet wieder meilenweit nach Westen
und in ein anderes Schilfgebiet marschieren? Könnte der Ort des
Lagers nicht auch der Ort der Schlacht sein? Und warum sollte
Heinrich I. ausgerechnet den Festsaal seiner Pfalz Merseburg
mit Szenen dieser Schlacht ausmalen lassen, was zweifelsfrei
überliefert ist, wenn der Kampf nicht in der Nähe Merseburgs
stattfand? Dem vermuteten Schlachtort Kalbsrieth lag die Königs-

pfalz Memleben bedeutend näher! Doch wie auch immer, Heinrich I. vermochte die Ungarn entscheidend zu schlagen. Das zählte. Während seiner Regierungszeit, und noch Jahre danach, wagten sie es nicht wieder in Deutschland einzufallen.

Und möglicherweise fand sogar die Feier dieses bedeutenden Sieges in Merseburg statt. Denn eher unwahrscheinlich mutet an, daß Heinrich I. die Halle im Obergeschoß seines Merseburger Palastes nur zum Selbstzweck ausschmücken ließ. Siegesbilder gehörten doch vorgezeigt!

Thankmar, Heinrichs Merseburger Sohn, dürfte den Triumph seines Vaters wohl genossen haben. Ob jedoch auch Hatheburg an den königlichen Erfolgen ihres einstigen Gemahls Anteil nahm, Anteil nehmen konnte, verliert sich im Dunkel zwischen glanzvollen Darstellungen der Klugheit, Kraft und Bescheidenheit Heinrich I.

Denkmal Otto I. in Magdeburg (Ausschnitt)

geboren am 23.10.912, Sohn Heinrich I., heiratet 929 die
angelsächsische Königstochter Edgith, wird am 7.8.936 in
Aachen zum deutschen König gekrönt, schlägt Rebellionen
seiner Brüder Thankmar und Heinrich nieder, festigt die
Königsmacht, insbesondere durch Schaffung des
Reichskirchensystems, zieht 951 nach Italien, heiratet die
langobardische Königswitwe Adelheid, wird auch
Langobardenkönig, unterwirft die Obotriten und Wilzen,
besiegt 955 die Ungarn auf dem Lechfeld bei Augsburg
verheerend, zieht 961 wieder nach Italien, festigt seine
dortige Vormachtstellung, wird am 2.2.962 in Rom vom
Papst zum Kaiser gekrönt, erreicht 972 durch die
Vermählung seines Sohnes Otto mit der byzantinischen
Prinzessin Theophanu die Anerkennung seines Kaisertums
auch von Byzanz, stirbt am 7.5.973 in Memleben.

Otto I. (der Große)

Seit dem Hinscheiden Karls sah die Welt keinen größeren Herrscher. Kaum wird ein Hirte wie er je wieder des Königtums walten, charakterisierte der Merseburger Bischof und Chronist Thietmar Otto den Großen.

In die Geschicke Merseburgs griff Otto I. erstmals im Jahre 939 ein: Sein gegen ihn rebellierender Bruder Heinrich hatte sich hier verschanzt, und Otto I. belagerte die Saalestadt mit seinem Heer zwei lange Monate lang, im April und Mai. Otto I. erwies sich schließlich als der Beharrlichere, als der Stärkere. Die beiden Brüder schlossen einen Waffenstillstand. Zwar versuchte sich Heinrich dann nochmals zu verschwören, mußte sich aber alsbald und endgültig geschlagen geben, gelobte zuguterletzt sogar Reue.

Ein zweites Mal kam Otto I. im Jahre 952 nach Merseburg, in seine Pfalz. Am 26. Juni belehnte er hier den sächsischen Markgrafen Hermann Billung mit den Marken Ozmina und Turata samt der Burg Grodesti. Für treue Dienste wohl. Tagespolitik. Brief und Siegel. Immerhin gilt die Urkunde über diese Belehnung aber als das älteste erhaltene, in Merseburg ausgestellte Dokument.

Drei Jahre später dann griff Otto der Große ein drittes Mal und nun entscheidend in die Entwicklung Merseburgs ein und dies, obwohl er nicht in der Saalestadt weilte. Die Ungarn waren wieder in Deutschland eingefallen, verheerten Bayern. Otto I. sammelte ein Heer aus allen deutschen Völkern, und bevor es am 10. August 955 auf dem Lechfeld bei Augsburg zur Schlacht kam, gelobte er, im Falle eines Sieges dem Tagesheiligen Laurentius in Merseburg ein Bistum zu stiften. Tatsächlich erlitten die Ungarn nach anfänglichen Erfolgen eine entscheidende Niederlage, zogen sich ein für allemal zurück, wurden seßhaft. Und Merseburg stieg zur Bischofsstadt auf. 962 bestätigte Papst Johannes XII. im Umfeld der Kaiserkrönung Otto I. dessen Augsburger Gelübde, erhob Magdeburg zum Erzbistum und Merseburg zu einem Magdeburg untergeordneten Bistum. 965 feierte Otto I. dann den zehnten Jahrestag seines ihn groß machenden Sieges in Merseburg. Und 968 schließlich zog in der Saalestadt der erste Bischof ein: Boso, ein Bayer und Hofkapellan Otto des Großen.

Bischof Boso wurde Herr über ein ansehnliches Gebiet. Das Bistum Merseburg erstreckte sich im Westen vom Hassegau und dem Friesenfeld, begrenzt durch den Sachsgraben bei Wallhausen, im Süden entlang Helme, Unstrut und Saale bis Salzmünde, im Norden bis zur Salza, zum Süßen und Salzigen See und dem Wilderbach sowie im Osten in die Gaue Siusili und Chutizi, von der Elbe bei Oranienbaum bis zur Chemnitz, begrenzt von einem nicht näher lokalisierten, dichten Wald.

Kaiser Otto I. überließ Boso wohl seinen Merseburger Palast und schenkte der zur Bischofskirche mit dem Ko-Patron Laurentius erhobenen Merseburger Johanneskirche Reliquien der Heiligen Maximus und Romanus.

Ein letztes Mal weilte Otto der Große im Jahre 973 in der Pfalz Merseburg, zu Himmelfahrt. Während einer Jagd übermannte ihn der Sage nach der Schlaf, worauf ihm im Traum eine die Baumwipfel überragende schwarzgekleidete und dunkelgesichtige Frau erschien. „Mein Name ist Bauchfluß", raunte sie, „und ich bin gekommen, um zeitweise deinen Magen zu bewohnen!" Wenige Tage später starb Kaiser Otto I. nach kurzer, fiebriger Erkrankung in der Pfalz Memleben, wo auch schon sein Vater Heinrich I. verschieden war. Beigesetzt wurde Otto der Große im Magdeburger Dom.

Doch auch sein Sohn, Kaiser Otto II., ging in die Merseburger Sagenwelt ein. Unter ihm war der Merseburger Bischof Giselher zum Magdeburger Erzbischof avanciert, der daraufhin das Bistum Merseburg seinem Erzbistum einverleibte. Während einer Fürstenversammlung soll dem Kaiser nun der Patron des Merseburger Bistums, soll der heilige Laurentius erschienen sein und Otto II.

die silberne Fußbank vom Thron weggerissen haben. Dabei habe Laurentius gewettert: „Macht der Kaiser den Schimpf nicht gut, den er mir angetan hat, so stürze ich ihn von seinem Thron!" Angeblich waren die unglücklichen Kriegszüge und der frühe Tod Otto II. eine Folge jener Erscheinung. Und sogar der Gattin Otto II., der Kaiserin Theophanu, soll Laurentius gedroht haben. Ihr, die anstelle ihres noch unmündigen Sohnes Otto III. das deutsche Reich regierte, habe Laurentius als Sinnbild des kassierten Merseburger Bistums seinen verstümmelten rechten Arm präsentiert. Trotzdem wurde das von Otto dem Großen begründete Merseburger Bistum auch von seinem Enkel Otto III. noch nicht wieder hergestellt, sondern erst durch dessen Nachfolger auf dem Thron, Heinrich II.

Bildnis Heinrich II.
am Merseburger Domgestühl

geboren am 6.5.973, wird nach dem Tode seines Vaters
Heinrich des Zänkers 995 Herzog von Bayern, erhebt nach
dem Tode des kinderlosen Kaisers Otto III. Anspruch auf den
deutschen Thron, setzt sich gegen Rivalen durch und wird
1002 zum deutschen König gewählt, festigt die unter Otto III.
erschütterte Königsmacht und fördert die Reichskirche, führt
mehrere Kriege gegen Polen, verhindert den Verlust der Mark
Meißen, zieht dreimal nach Italien, wird 1004 auch zum
langobardischen König gewählt und 1014 in Rom zum
Kaiser gekrönt, wehrt 1022/23 die in Süditalien
vordringenden Byzantiner ab, stirbt am 13.7.1024 in der
Pfalz Grona bei Göttingen.

Heinrich II.

Heinrich II. zog Merseburg allen anderen deutschen Pfalzen vor. Nirgendwo sonst weilte er so oft wie in der Stadt an der Saale, siebenundzwanzig Mal wohl insgesamt!

Erstmals kam Heinrich II. im Sommer des Jahres 1002 nach Merseburg. Der frischgekrönte König wurde vom Grafen Esiko und dem Abt Heimo empfangen. Zugegen waren jedoch auch all die anderen Großen Sachsens sowie der Polenherzog Boleslaw Chrobry. Nachdem Heinrich II. versichert hatte sächsisches Recht zu wahren, erkannten ihn die Sachsen feierlich als König an. Herzog Bernhard überreichte ihm die Heilige Lanze. Boleslaw Chrobry wurde von Heinrich II. mit der Mark Lausitz und dem Milzener Land belehnt, mußte aber auf die im Frühjahr eroberte Mark Meißen verzichten. Erste Achtungserfolge des neuen Herrschers auf dem Wege zur Wiederherstellung der Ordnung im Reiche, das durch die irreale Politik seines Vorgängers Otto III. zu zerrütten drohte. Mit dem Polenherzog sollte Heinrich II. jedoch noch etliche Jahre zu kämpfen haben, verbündete sich gegen ihn, der christlichen Glaubens war, sogar mit den heidnischen Lutizen.

Im Jahre 1003 weilte Heinrich II. zu Himmelfahrt in Merseburg, 1004 kam er bereits zu Lichtmeß. Und dieser Besuch war für die Saalestadt von besonderer Bedeutung: Heinrich II. stellte das vor dreiundzwanzig Jahren dem Erzbistum Magdeburg einverleibte Bistum Merseburg wieder her. Heinrichs Hofkapellan Wigbert wurde neuer Merseburger Bischof; Wigbert, der dann seinerseits wohl die Merseburger Domstiftsbibliothek gründete.

Nachdem das Bistum wiederbelebt und Hoftag gehalten war, zog Heinrich II. von Merseburg aus gegen Polen und kehrte Ende Februar wieder hierher zurück. Bereits im August des Jahres

1004 sammelte er in der Stadt an der Saale aber erneut ein Heer. Und dieser Kriegszug fand hier erst im November sein Ende. Kein Zweifel, allein durch die wiederholte Präsenz des Königs war Merseburg in diesem Jahre zu einem Zentrum des deutschen Reiches geworden.

Doch schien Heinrich II. nicht nur politischer oder militärischer Erfordernisse wegen immer wieder nach Merseburg gekommen zu sein. Auch die Weite der Saaleauen und das ruhige mitteldeutsche Klima waren für den in Bayern aufgewachsenen Heinrich offenbar von Reiz. Im Jahre 1005 kam er im Dezember, im Jahre 1006 Ende Januar, Anfang März und erneut im Dezember. Das folgende Jahr jedoch war eines der wenigen, in denen der König und spätere Kaiser Heinrich II. nicht wenigstens einmal in Merseburg weilte. 1007 bevorzugte er Bamberg, das nach seinem Willen zu einem anderen Rom, zu einem neuen Haupt der Welt werden sollte, und erhob es zum Bischofssitz.

Dafür feierte Heinrich II. dann im Jahre 1008 Ostern, das höchste kirchliche Fest, erstmals in Merseburg. Und von dieser Feier schien er so angetan, daß er bis zu seinem Tode das Fest der Auferstehung des Herrn noch weitere vier Mal in der Saalestadt beging.

Nachdem Heinrich II. im Jahre 1009 wieder einen Reichstag nach Merseburg einberufen hatte, brach er im darauffolgenden Jahr von hier aus erneut gegen Polen auf. Und im September des Jahres 1010 entdeckte er Merseburg als Kurort. Fand er Linderung für sein Steinleiden, suchte er einfach nur Entspannung? Zwei Jahre später hielt er sich im Herbst für längere Zeit sogar mit seiner Gemahlin Kunigunde in Merseburg auf. Zuvor hatte er hier im Januar des Jahres 1012 einen fünfjährigen Landfrieden für Sachsen erlassen und war dann auch erstmals zum Pfingstfest erschienen.

Gleichentags und gleichenorts erzielte Heinrich II. im Jahr darauf während eines Reichstages einen Friedensschluß mit Polen; zweifellos das wichtigste Ergebnis seiner drei Merseburg-Besuche des Jahres 1013. Einmal mehr wurde der Polenherzog Boleslaw Chrobry mit der Niederlausitz und dem Milzener Land belehnt.

Anschließend verließen die beiden, einander seit mehr als einem Jahrzehnt bekriegenden Herrscher Merseburg im Schiff, fuhren einträchtig saale- und elbabwärts gen Magdeburg. Trotz dieser Geste Heinrichs wurde auch der Merseburger Friede wieder brüchig, konnte erst fünf Jahre später in Bautzen eine dauerhaftere Übereinkunft getroffen werden.

In Italien kam Heinrich II. im Jahre 1014 zu großen Erfolgen. In Rom wurde er vom Papst Benedikt VIII. zum Kaiser gekrönt, und in der Lombardei besiegte er seinen dortigen langjährigen Widersacher Arduin von Ivrea entscheidend. Dennoch blieb Merseburg so anziehend für ihn, daß er nach diesem Zug in südliche Gefilde schon Anfang November erneut hierher eilte.

1015 hält Heinrich II. zu Ostern Reichstag in Merseburg, 1017 zu Lichtmeß, und im Herbst 1015 kommt er auch wieder mit Kunigunde. Weitere Aufenthalte Heinrichs II. in Merseburg sind für die Osterfeste der Jahre 1019, 1021 und 1023 verbürgt, wobei die letzten beiden Besuche wiederum mit Reichstagen verbunden waren, Reichstage an denen Fürsten aus Deutschland wie aus Europa teilnahmen.

Sichtbares Zeugnis der Vorliebe Heinrich II. für die alte Stadt an der Saale gibt noch heute der Merseburger Dom. Bei der Einweihung dieses stolzen Gotteshauses am 1. Oktober 1021 war der Kaiser zugegen, stiftete kostbare Kleinodien und eine goldene Altarplatte, die allerdings im Schmalkadischen Kriege, reichlich fünfhundert Jahre später, geraubt wurde. Heinrich II. wurde zum Nebenpatron des Domes erhoben und 1146 als einziger mittelalterlicher deutscher Herrscher sogar heilig gesprochen. Kein Wunder also, daß er im und am Merseburger Dom mehrfach figürlich dargestellt und abgebildet wurde: über dem Hauptportal, auf einem Schlußstein des Langhauses, an der Chorschranke und am Gestühl, in einem Fenster sowie auf einem Altarflügel. Eine weitere Darstellung Heinrich II. ziert den Westflügel des Merseburger Schlosses, Kaiser mit Reichsapfel und Zepter.

Folgerichtig ging eine solche Persönlichkeit auch in die Merseburger Sagenwelt ein: Nach Heinrichs Tod wog der Erzengel Michael die guten und schlechten Taten des Kaisers auf, und als er dessen unbegründeten Verdacht, seine Gattin sei ihm untreu gewesen, zu anderen Missetaten Heinrichs in die Schale warf, neigte sich die Waage bedrohlich zum Negativen. Da aber erschien Laurentius, der Schutzheilige des Bistums Merseburg, und warf einen von Heinrich dem Merseburger Dom geschenkten goldenen Kelch ein, woraufhin Heinrichs Seelenheil gerettet war...

Mit Heinrich II. starb das Geschlecht der Ottonen auf dem deutschen Thron aus. Doch auch die nachfolgenden Salier-Kaiser waren allesamt in Merseburg präsent, ebenso die Gegenkönige und die meisten Herrscher der Staufer-Dynastie. Bis zum großen Interregnum, Mitte des dreizehnten Jahrhunderts sind in Merseburg mehr als achtzig Aufenthalte deutscher Könige und Kaiser nachweisbar, und mehr als dreißig Reichstage fanden in der Pfalz an der Saale statt.

Titelblatt der Thietmar-Chronik,
Ausgabe 1790

geboren am 25.7.975 in Walbeck a.d. Aller, stammt aus
sächsischem Adelsgeschlecht, wird in den Domstiften
Quedlinburg und Magdeburg erzogen, Bekanntschaft mit
dem Geschichtsschreiber Brun von Querfurt, 1004 in Allstedt
zum Priester geweiht, am 24.4.1009 in Neuburg von
Heinrich II. und dem Magdeburger Erzbischof Tagino zum
vierten Bischof Merseburgs geweiht, beginnt 1012 seine, für
die weitere sächsische Geschichtsschreibung äußerst
wichtige Chronik zu verfassen, legt am 18.5.1015 den
Grundstein für den Merseburger Dom, stirbt am 1.12.1018 in
Merseburg; erste lateinische Ausgabe seiner Chronik 1580
durch Reineccius in Frankfurt a.M., erste deutsche Ausgabe
1790 durch Ursinus in Dresden.

Thietmar

Thietmar schrieb über Thietmar:

Mein Wille ist wohl zuweilen gut, aber weil ich nicht bemüht bin, ihn mit der nötigen Kraft zu versehen, so nützt er allzu wenig. Immer hadere ich mit mir, aber ich tue meine Buße nicht nach Gebühr; und daher bin ich in allen Stücken tadelnswert, weil ich mich nicht zu dem bekehre, der da ist über alles lobenswert. Besieh dir, lieber Leser, jetzt den feinen Herrn, da wirst du ein kleines Männchen finden, ungestaltet an der linken Kinnlade und Seite, weil mir hier einst eine immer schwellende Fistel ausgebrochen ist. Ein Bruch des Nasenknorpels, den ich in der Kindheit erlitten habe, gibt mir ein lächerliches Aussehen. Und über das alles würde ich gar nicht klagen, wenn ich über mein Inneres etwas Gutes könnte sagen. Nun bin ich ein Elender, sehr jähzornig und unlenksam zum Guten, von neidischem Charakter, ich verhöhne andere, wo ich selbst Spott verdiene, und schone niemand, wie es recht wäre, ich bin ein Schlemmer und Heuchler, ein Geizhals und Verleumder und, – um diese schmachvolle Bezeichnung, die ich mir mit Recht beilege, zu schließen, – schlechter, als sich sagen oder irgendwie denken läßt. Ein jeder ist befugt, nicht etwa leise davon zu murmeln, sondern es laut heraus zu sagen, daß ich ein Sünder bin, und ich muß meine Brüder kniefällig bitten, mich zurechtzuweisen...

Thietmar schien Thietmar nicht recht zu mögen. Zeitgeist? Obendrein quälten Thietmar Traumgesichte. Im Oktober des Jahres 1008 hörte er eine Stimme, die ihm ankündigte, daß er, Thietmar, sowie der Magdeburger Dekan Meinrich und der Bischof Hilderich von Havelberg in diesem Jahre Gottes Willen erfüllen müßten. Wenige Tage später verstarb Bischof Hilderich, und Thietmar glaubte nun zu wissen, was Gottes Wille sei. Thiet-

23

mar verkroch sich auf sein Gut Rottmersleben und bereitete sich auf den Tod vor. Daraufhin erschien ihm in der Nacht vor St. Martin der Magdeburger Dompropst Walthard im Traum und fragte, ob Thietmar die Zukunft wissen wolle. Thietmar bejahte und sah nun, wie Walthard ein Lotblei in ein Buch hineinließ. „Fünf", raunte der Dompropst dabei, „Fünf", und gleichzeitig meinte Thietmar diese Zahl deutlich lesen zu können. Erklärungen blieb Walthard Thietmar jedoch schuldig. So wußte der folglich nicht, ob er noch fünf Tage, Wochen, Monate oder Jahre zu leben hatte...

Solche Zerrissenheit peinigt, lähmt, zerstört. Es sei denn, da erwächst eine Gegenkraft, eine Kraft, die einen über alle Gesichte und sich selbst, vor allem über sich selbst, erhebt.

Als er fünf Wochen nach jenem letzten Traum noch immer lebte, fuhr Thietmar voller Zweifel nach Magdeburg zurück und erfuhr, daß ihn der Erzbischof Tagino beim König als Nachfolger des todkranken Merseburger Bischof Wigbert ins Gespräch gebracht hatte. Thietmar erwiderte darauf, es könne gut möglich sein, daß Bischof Wigbert ihn, Thietmar, noch überlebe. Es war jedoch Wigbert und nicht Thietmar, der vor Ablauf des fünften Monats starb. Thietmar erfuhr davon ins Rottmersleben, wo er seinerseits einmal mehr den Tod erwartete, und nur zögerlich, sehr zögerlich vermochte er der Aufforderung Erzbischof Taginos, sich am Samstag vor Ostern nach Augsburg zum König zu begeben, Folge zu leisten. Erst am Palmsonntag, da der ominöse fünfte Monat zu Ende ging, brach Thietmar von Magdeburg auf, und erst am Dienstag nach Ostern traf er bei Hofe ein. Heinrich II. hielt jedoch an Thietmar fest, und so wurde er denn zum neuen Bischof Merseburgs gewählt, geweiht, gesalbt.

Das Bischofsamt allein, Bekehrung der Heiden, Sicherung und Erweiterung des Bistums, Messdienste, Belehnungen, Beurkundungen, nicht zuletzt die Teilnahme an einem Kriegszug gegen die Slawen, vermochte Thietmars Zwiespälte aber nicht zu überbrücken. Doch hatte er im Traum nicht auch gesehen, wie ein Lotblei auf ein Buch zielte? Ja, das war Thietmars Vorbestimmung, das war seine Möglichkeit über sich selbst hinauszuwachsen:

ausloten, was geschah, um einen herum, mit einem selbst, in seiner Zeit, ausloten, was einst geschah, da wo man nun ist, begreifen vielleicht, welchen Platz man eigentlich einnimmt hier und überhaupt, erkennen, wo man steht in der Geschichte, festhalten und verdichten also, all die flüchtigen Gedanken, schreiben, ein Buch, eine Chronik!

Im Jahre 1012, ein Jahr vor Ablauf des fünften Jahres seit Walthards Prophezeiung, begann Thietmar an seiner Lebensbeschreibung und Chronik zu arbeiten. Unermüdlich diktierte er, was alles er über die Geschicke Merseburgs in Erfahrung zu bringen wußte und verstand es, das Zeitgeschehen einzuordnen. Besondere Aufmerksamkeit widmete Thietmar der Regierungszeit des ihm durch zahlreiche Merseburgbesuche gut bekannten Heinrich II. Im Frühjahr des Jahres 1018 war Thietmar dann nach Durchsichten, Ergänzungen und Korrekturen so weit, daß er an seine Chronik nur noch die jeweils aktuellen Ereignisse anzufügen brauchte. Eine große innere Anspannung schien von ihm abzufallen.

Im Sommer dieses Jahres wurde Thietmar krank, verfiel offenkundig auch wieder in Depressionen. Nicht auszuschließen, daß ihm die zum Alltag gewordene Chronikarbeit schmerzlich fehlte. Am 1. Dezember 1018 starb Thietmar dann, fast genau zweimal fünf Jahre nach jener, sein Leben so sehr bestimmenden Traumnacht...

Merseburg hat Thietmar aber noch mehr als seine erste Chronik zu verdanken. War das Lotblei nicht eigentlich ein unverzichtbares Maurergerät? 1015, in der wohl glücklichsten, da kreativsten Phase seines Lebens, legte Bischof Thietmar selbstbewußt auch den Grundstein für den Merseburger Dom.

Wer sich andern brauchbar zu machen bestrebt, hat immer die Absicht, nicht nur gegenwärtig, sondern auch in der Zukunft zu nützen, die ihm anbefohlenen Verrichtungen mit aller nur möglichen Treue und Geschicklichkeit auch der Nachwelt bekannt werden zu lassen, und bei den Lebendigen aller Zeit sich im Andenken zu erhalten...

Thietmar, sich selbst überwindend.

Grabplatte Rudolfs von Schwaben (Ausschnitt).

geboren als Sohn des Grafen Kuno von Rheinfelden, wird 1057
Herzog von Schwaben, 1077 in Forchheim von einigen
deutschen Fürsten zum König gegen seinen Schwager
Heinrich IV. erhoben, in Mainz gekrönt, kämpft gegen Heinrich
IV. am 7.8.1078 bei Mellrichstadt und schlägt ihn bei
Flarchheim am 27.1.1080, worauf er auch vom Papst Gregor
VII. als deutscher König anerkannt wird, in der Schlacht von
Hohenmölsen am 15.10.1080 schwer verwundet, stirbt er am
Tage darauf in Merseburg und wird im Merseburger Dom
beigesetzt.

Rudolf von Schwaben

Gut ein Vierteljahr nachdem ihn süddeutsche und sächsische Fürsten zum Gegenkönig gewählt hatten, hielt Rudolf von Schwaben Hoftag in Merseburg. Der Empfang wird prächtig gewesen sein, schließlich galt der Merseburger Bischof Werner als einer der erbittertsten Feinde König Heinrich IV. Und noch um einiges heilsamer dürfte der Verlauf dieses Hoftages zu Peter und Paul des Jahres 1077 für die eine oder andere seelische Wunde Rudolfs von Schwaben gewirkt haben: die Großen Sachsens huldigten ihm. Aus Mainz hingegen hatte ihn die zu Heinrich IV. stehende Bürgerschaft schon bald nach seiner Krönung vertrieben. Und hätte Heinrich IV. zu Jahresbeginn nicht überraschend seinen Gang nach Canossa angetreten, um vom Papst aus dem Bann gelöst zu werden, wäre Rudolf von Schwaben höchstwahrscheinlich nicht nur von einigen, sondern von allen deutschen Fürsten gewählt, somit zum Alleinherrscher geworden.

Das Jahr 1080 schien dann für Rudolf von Schwaben den langersehnten Durchbruch zu bringen. Nachdem seine Streitmacht die Truppen Heinrich IV. bei Flarchheim erstmals besiegt hatte, wurde er endlich auch vom Papst Gregor VII. als König anerkannt. Über Heinrich IV. aber verhängte der Papst erneut den Bann und forderte: *Verhängt an dem genannten Heinrich so rasch euer Urteil, daß alle erkennen, er sei nicht durch Zufall, sondern durch euer Eingreifen gestürzt!* Am 15. Oktober 1080 trafen daraufhin die Heere der beiden deutschen Könige bei Hohenmölsen zur Entscheidungsschlacht aufeinander.

Zäh fochten Fußvolk und Reiterei miteinander, das Kampfgeschehen wogte im sumpfigen Gelände hin und her. Doch schließlich errang die Streitmacht Rudolfs, dank der Erfahrung des Heerführers Otto von Northeim, den Sieg. Heinrichs Truppen wurden in die angestauten oder Hochwasser führenden Bäche und Flüsse der Umgebung getrieben und ersoffen jämmerlich. Heinrichs Lager wurde geplündert. Eine vernichtende Niederlage.

Als die siegreichen Kämpfer, schwer mit Beute beladen, in ihr Lager bei Groitzsch zurückkehrten, mußten sie jedoch erfahren, daß ihr König, Rudolf von Schwaben, schwerste Verletzungen davongetragen hatte. Sein Unterleib war durchstochen und seine rechte Hand abgehauen worden.

Nicht von ungefähr würden sich bald Legenden darum ranken, wer ihm diese Wunden zugefügt hatte. Einmal wird Ferfried von Colonna genannt und somit eine frühe Aufwertung der Hohen-zollern-Dynastie versucht, ein andermal eine Verbindung zum ersten Kreuzzug hergestellt, indem dessen vorgeblich helden-hafter Anführer Gottfried von Bouillon d. J. auch schon den Auf-rührer Rudolf verstümmelte. Zumindest Herr Gottfried aber war bei Hohenmölsen gar nicht dabei...

Rudolf von Schwaben wurde in die Residenz seines Freundes Bischof Werner gebracht und in der *curia praepositurae* südlich des Domes aufs Krankenlager gebettet. Doch selbst in Merse-burg waren diese entsetzlichen Wunden Rudolfs nicht zu heilen. Er verschied am Tage nach der Schlacht.

Und sein Tod würde den schwer errungenen Sieg alsbald ins Gegenteil verkehren. Die Fürstenopposition zerfiel, Heinrichs Macht wuchs. Nach der Vertreibung Gregor VII. sollte Hein-rich IV. sogar die Kaiserwürde erlangen.

Der Tod Rudolfs von Schwaben galt als Gottesurteil, bei seinen Gegnern allemal, aber wohl auch in breiten Kreisen der Bevöl-kerung. Die Schwurhand, schließlich war es die Schwurhand, mit der er ursprünglich seinem König Heinrich die Treue gelobt hatte und die ihm nun abgeschlagen worden war. Selbst Rudolf soll kurz vor seinem Tode noch einmal nach dieser, seiner abge-trennten Rechten verlangt und sich dementsprechend und reuevoll geäußert haben!

Nichtsdestotrotz wurde er königlich bestattet. Für Bischof Werner dürfte Rudolf von Schwaben sogar zum Heiligen geworden sein. Wahrscheinlich ließ er ihn in der Krypta des Merseburger

Domes beisetzen, da wo noch heute ein Relief der segnenden Hand Gottes zu entdecken ist. Und die prächtige Bronzegrabplatte fand ihren Platz mitten in der Vierung, ja möglicherweise wurde aus diesem Anlaß noch ein Vierungsturm aufgesetzt! Die Inschrift der einst vergoldeten und mit Edelsteinen verzierten Grabplatte verkündet: *König Rudolf, gestorben für das Gesetz der Väter und mit Recht zu beweinen, ist geborgen in diesem Grab. Kein König wäre ihm gleich gewesen in Rat und Tat seit Karl [dem Großen], wenn er im Frieden geherrscht hätte. Wo die Seinen siegten, sank er hin als heiliges Opfer des Krieges. Der Tod ward ihm Leben: Für die Kirche ist er gefallen.*

Einer weiteren Legende nach soll Heinrich IV. nach jahrelanger Abwesenheit noch einmal nach Merseburg gekommen und angesichts dieser prunkvollen Bestattung gefragt worden sein, wie er eine solche Glorifizierung seines einstigen Widersachers dulden könne, worauf Heinrich IV. wohl antwortete, er wünschte, daß alle seine Feinde so herrlich begraben lägen...

Auch wenn die Grabplatte Rudolfs von Schwaben im Schmalkaldischen Krieg ihrer Edelsteine und Vergoldung verlustig ging, dürfte sie als Kunstwerk, als ihres Gleichen suchendes Kunstwerk, längst über Zeitläufte erhaben sein. Wem immer jedoch der Sinn nach Moralismen oder Spekulation steht, der kann sich in der Merseburger Domküsterei noch eine mumifizierte Hand zeigen lassen, die meineidige Rechte Rudolfs von Schwaben angeblich.

Zeitgenössische Abbildung Barbarossas

geboren 1122 als Sohn des Schwabenherzogs Friedrich II. aus
dem Geschlecht der Staufer, wird 1147 Herzog von Schwaben
und 1152 deutscher König, 1155 zum Kaiser gekrönt, müht
sich um die Einheit und Stärkung des deutschen Reiches, zieht
sechsmal gegen Italien, muß letztlich aber den antikaiserlichen
Papst Alexander III. sowie den lombardischen Städtebund
anerkennen, erreicht eine Erweiterung des staufischen
Einflusses durch die Heirat seines Sohnes Heinrich VI. mit der
sizilianischen Prinzessin Konstanze, setzt sich innenpolitisch
gegen den Welfen Heinrich den Löwen durch, festigt sein
Ansehen durch eine auch kulturell bedeutsame Schwertleihe
seiner Söhne Heinrich und Friedrich 1184 in Mainz, führt 1189
den dritten Kreuzzug an, ertrinkt dabei am 10.6.1190 im Flusse
Saleph in Anatolien beim Baden.

Friedrich I. (Barbarossa)

Seinen ersten Reichstag berief Friedrich Barbarossa nach Merseburg ein. Zum Pfingstfest des Jahres 1152 reiste eine stattliche Schar weltlicher und geistlicher Fürsten aus nah und fern in der alten Kaiserpfalz an. Es galt gewichtige Probleme zu lösen, und natürlich wollte der frischgekrönte Herrscher auch erstmals seine Macht zur Entfaltung bringen.

Barbarossas Vorgänger Konrad III. weilte dreimal in Merseburg, und unter Lothar III. war die hiesige Pfalz mehrmals Ort prächtiger Reichsversammlungen. 1135 kamen sogar Gesandte aus Venedig und Byzanz und wohl auch aus Ungarn. Traditionell wurden in Merseburg vor allem die Beziehungen Deutschlands zu seinen östlichen und nördlichen Nachbarn geregelt.

So erschienen denn zu Barbarossas erstem Reichstag auch die beiden um den dänischen Thron streitenden Prinzen Knud und Sven. Barbarossa entschied zugunsten Svens, der daraufhin im Merseburger Dom gekrönt wurde und die Abhängigkeit Dänemarks vom deutschen Reich bekräftigte. Knut wurde großzügig belehnt. Dennoch brach der Streit zwischen den beiden Dänen alsbald erneut aus.

Aus Böhmem kamen Adalrich, Sohn des vestorbenen Herzogs Sobeslaw I., und Bischof Daniel von Prag als Gesandter des mittlerweile in Böhmen regierenden Herzogs Wladislaw II. Adalrich bot Barbarossa reichlich Geld, wenn er ihn in die Rechte seines Vaters einsetze, Bischof Daniel vermochte Barbarossa aber von der Rechtmäßigkeit der Herzogswürde Wladislaus II. zu überzeugen. Barbarossa vermittelte, daß Adalrich nun als Herr über das Gebiet um Königgrätz eingesetzt wurde und dafür den Treueid schwor. Schon im darauffolgenden Jahr mußte Adalrich nach Aufdeckung neuerlicher Verschwörungspläne jedoch aus Böhmen fliehen.

31

Andere Verhandlungen hingegen kamen während dieses Reichstages noch kaum voran, führten aber, da sie offenbar einen guten Ansatz hatten, wenig später zum Erfolg. So gelang es Barbarossa in Merseburg noch nicht, kriegerische Auseinandersetzungen zwischen Heinrich dem Löwen und Albrecht dem Bär zu beenden. Dies glückte ihm erst auf dem Würzburger Reichstag im Oktober 1152.

Ein sofortiger und letztendlich auch dauerhafter Erfolg war Barbarossas Merseburger Entscheidung beschieden, Wichmann zum neuen Magdeburger Erzbischof wählen zu lassen, eine Entscheidung, die er in Abstimmung mit den auf dem Reichstag anwesenden Erzbischöfen von Bremen, Salzburg und Trier sowie den Bischöfen von Bamberg, Eichstädt, Freising, Havelberg, Konstanz und Passau traf. Damit war eine Unfrieden stiftende Doppelwahl der Magdeburger Domherren korrigiert.

Bei allem Regieren blieb aber auch Zeit für den festlichen Umritt Barbarossas, und es wird wohl auch kräftig gefeiert worden sein in Merseburg. Schließlich galt die hiesige Pfalz im Bereitstellen von Speisen und Getränken als leistungsfähigste Sachsens.

In den folgenden Jahren hatte Barbarossa mehr als genug in Italien zu tun, kämpfte, verhandelte, paktierte. 1172 kam der Kaiser aber wieder nach Merseburg, 1174 und 1182 hielt er hier erneut Hoftag und 1181 feierte er Weihnachten im Merseburger Dom. Und nicht nur Barbarossas Vorgänger, sondern auch seine Nachfolger auf dem deutschen Thron kamen bis zum großen Interregnum und dem Verfall des Pfalzensystems in die Saalestadt, Heinrich VI., Otto IV., Friedrich II., Wilhelm von Holland und möglicherweise auch Albrecht I.

Selbst wenn Friedrich Barbarossa fernab Merseburgs weilte, schien er diesen Pfalzort nicht ganz aus dem Blick zu verlieren. Schenkungen, Belehnungen, Bestätigungen sprechen dafür. Der ab 1170 in Merseburg regierende Bischof Eberhard war sein Protegé. Der geschickte Diplomat Christian von Buch, Erzbischof von Mainz und Kanzler des Kaisers, hatte seine Karriere als Dompropst in Merseburg begonnen. Und nicht zuletzt trug Friedrich Barbarossa im Jahre 1188 durch seine Privilegierung eines neuen Merseburger Marktes, *jenseits der Brücken neben der Kirche des hl. Thomae Martyris, zwischen denen zweyen Brücken,* des Neumarktes also, entscheidend zur Stadtentwicklung bei.

Siegel Bischof Ekkehards

entstammt der Reichsministerialenfamilie Rabil, wird
Kanoniker in Merseburg und (wahrscheinlich am 5.6.1216)
zum Merseburger Bischof geweiht, läßt 1218/19 einen
Mauerring um die Merseburger Siedlungskerne und die
Domfreiheit ziehen sowie von 1225 bis 1240 den Dom
erneuern, erwirkt 1227 in Rom Ablaß zugunsten des
Merseburger Domes, läßt Merseburger Brakteaten prägen,
versucht als erster Merseburger Bischof landeshoheitliche
Ansprüche durchzusetzen, verbietet 1235 geistliche Spiele
und Reigen im Dom, stirbt am 1.5.1240 in Merseburg.

Ekkehard

Schon bald nach seiner Wahl zum Oberhaupt des Bistums Merseburg muß Ekkehard den Entschluß gefaßt haben, seine Residenzstadt neu zu befestigen. Immerhin war der zwei Jahre nach seinem Amtsantritt begonnene Bau so gut vorbereitet, daß er samt Mauern, Türmen und Toren in einem Jahr zum Abschluß gebracht werden konnte. Eine erstaunliche Leistung. Die Saale und die seit König Heinrichs Zeiten vorhandenen Befestigungen der Domfreiheit in das Verteidigungssystem einbeziehend, dürfte die neue Stadtmauer hinter der Rischmühle ihren Anfang genommen und sich zum Sixtitor, von da an der Geisel und Klia entlang zum Eulenturm, dann weiter bis zum alten Königstor und schließlich wieder in Richtung Flußlauf erstreckt haben.

Steine über Steine ankarren, notwendige Hilfsmittel fertigen und massenweise Bauleute verdingen konnte dabei aber nur ein Teil der perfekten Organisation sein. Wie immens wichtig eine geschickte Terminabstimmung war, beweist zweifellos der vehemente Protest des Markgrafen Dietrich von Meißen, der den Mauerbau wohl am liebsten rückgängig gemacht hätte.

Möglicherweise wies Bischof Ekkehard an, die Merseburger Stadtbefestigung zu errichten, nachdem er vom Tode des Welfenkaisers Otto IV. erfahren hatte, der am 12. Mai 1218 auf der Harzburg verschied. Damit war der jahrzehntelange Thronstreit zwischen Staufen und Welfen beendet, nunmehr der Staufer Friedrich II. alleiniger Herrscher. Ein weiteres Erstarken der vom Thronstreit profitierenden Land- und Markgrafen schien verhindert. Gute Aussichten also, sich in Merseburg gegen Ansprüche und Eingriffe aus Meißen zur Wehr setzen zu können. Schließlich galt Merseburg laut *Sachsenspiegel* neben Grona, Wallhausen, Goslar und Allstedt als eine der fünf Städte in

Sachsen, *da der König echten Hof gebieten soll,* und der Merseburger Bischof entstammte einem Geschlecht von Reichsministerialen! Oder sollte Ekkehard mit dem Mauerbau gar eigenen Machtzuwachs im Sinn gehabt haben?

Nach Jahren des Streits über die Merseburger Befestigungsanlagen starb Markgraf Dietrich von Meißen, und dessen minderjähriger Sohn Heinrich folgte ihm in der Regentschaft nach. Nun aber verlangte Ekkehard all die Güter, die dem Markgrafen einst vom Bistum Merseburg als Lehen gegeben worden waren, Leipzig, Naunhof, Grimma, Borna und Groitzsch bis zur Mündigkeit des Knaben zurück. Und als das in Meißen abgelehnt wurde, exkommunizierte Ekkehard den jungen Markgrafen und dessen Ratgeber, belegte alsbald sogar die ganze Markgrafschaft mit dem Interdikt. Falls Ekkehard dabei auf einen Gebietsgewinn spekuliert hatte, ging seine Rechnung nicht auf. Es kam zum Vergleich. Markgraf Heinrich zahlte dem Merseburger Bischof achthundert Mark Silber. Die Souveränität Merseburgs hatte Ekkehard jedoch zweifellos durchgesetzt. 1248 sollte Markgraf Heinrich dann auch formell allen Ansprüchen auf die Merseburger Stadtbefestigung entsagen.

Die Abfindung dürfte Ekkehard nicht unwillkommen gewesen sein. Eine so gut befestigte Bischofsstadt mußte sich doch auch einen angemessen prächtigen Dom leisten können, Reichtum und Macht deutlich ausstellen! Der Merseburger Dom schien solchen Ansprüchen aber keinesfalls mehr zu genügen. War in jener Zeit vielleicht sogar der Vierungsturm eingestürzt? 1225 befahl Ekkehard die Domerneuerung. Zwei Jahre später reiste er nach Rom und erwirkte beim Papst Ablaß zugunsten der Merseburger Bischofskirche. Und auch den erfolgreichen Abschluß seines zweiten großen Bauvorhabens hat Bischof Ekkehard offenbar noch erlebt. Nicht von ungefähr wird er 1235 verboten haben Narrenfeste, Eselsfeste und was immer noch sich da eingebürgert hatte, im Dom zu feiern. Augenscheinlich waren derartige Lustbarkeiten einem zu neuen Glanz und neuer Erhabenheit gekommenem Gotteshaus so unwürdig, wie einst die Händler dem Tempel zu Jerusalem. Wenige Monate vor seinem Tode dürfte

Bischof Ekkehard dann sogar wieder Kirchweih gehalten haben. Wie auch immer, sein Lebenswerk nutzte Bistum und Stadt.

Grabstein Friedrichs von Hoym (Ausschnitt)

entstammt dem Ministerialiengeschlecht der Bischöfe von
Halberstadt, wird Scholasticus in Naumburg, 1355 dort
Dekan, 1357 Bischof in Merseburg, reglementiert die Stadt,
mehrt den Einfluß und den Besitz des Bistums, erwirbt
verpfändete Güter zurück, stiftet Altäre, insbesondere für den
Merseburger Dom, weilt als Gesandter der Meißner
Markgrafen mehrmals bei Kaiser Karl IV. in Prag, belagert
1375 mit den Meißner Markgrafen Erfurt, 1382 zum
Erzbischof von Magdeburg erwählt, stirbt am 9.11.1382 in
Merseburg, wird im Merseburger Dom beigesetzt.

Friedrich von Hoym

Beliebt war er bei den Merseburgern sicherlich nicht, der Bischof Friedrich von Hoym. Zu sehr hatten seit dessen Regierungsantritt Strafen und Steuern angezogen. Als dann aber an einem Junitag des Jahres 1362 der bischöfliche Diener Johannes Prusse seine Armbrust auf einen Merseburger Bürger abschoß, schien das Maß des Erträglichen überschritten. Obwohl Prusse nicht traf, wurde er gelyncht.

Nun jedoch konnte Bischof Friedrich von Hoym erst seine ganze Macht entfalten. Als erstes mußte die Bürgerschaft dreihundert Schock Groschen in die bischöfliche Kasse zahlen und in der Stadt alle Schlagbäume, die Zindeln, entfernen, somit die Ratseinnahmen mindern. War es mit Prusse vielleicht an einem dieser Schlagbäume zum Streit gekommen? Doch damit nicht genug. Bischof Friedrich sah offenbar schlagartig Möglichkeiten den Einfluß der aufstrebenden Stadt, deren Ratsversammlung, Ratsmeister und Ratsleute erstmals im Jahre 1289 Erwähnung fanden und seitdem gewiß an Bedeutung gewonnen hatten, entscheidend zurückzudrängen. Er zwang die Merseburger künftig und auf alle Zeiten die von ihnen in den Rat gewählten Bürger sowie jeden neugewählten Bürgermeister vom Bischof und dem Domkapitel bestätigen zu lassen. *Diese sollten die Macht haben, zurückzuweisen und abzulehnen, wen und welche und so oft sie wollten, und sie sollten diejenigen, die sie schließlich zugelassen und anerkannt hatten, nach ihrem Belieben bestätigen...* Und Friedrich von Hoym erniedrigte die Bürgerschaft noch weiter: viermal im Jahr, wenn das *fording*, das weltliche Gericht tagte, mußten nun *alle Schlüssel der Türme und Tore und der Befestigungen der Stadt Merseburg dem jedesmal regierenden Bischof und dem Kapitel ohne alle Widerrede ausgeliefert werden. Dann sollte es in deren*

Macht und Gutdünken stehen, was sie über diese Schlüssel und die Bewachung der Stadt verfügen und anordnen wollten. Ferner mußte der Rat künftig alle Jahre wieder einen Eid auf den Bischof schwören, bedurften auch die neugewählten Innungsmeister einer Bestätigung und fielen von nun an alle Strafen über eine Mark automatisch an die Bischofskasse. Wahrlich, ein gelungener Coup! Erstaunlich nur, daß das alles widerspruchslos hingenommen wurde. Die Macht Friedrichs von Hoym gründete sich augenscheinlich nicht nur auf seinen prächtigen, aus Rom mitgebrachten Bischofshut und den ihm gleichfalls vom Papst geschenkten, elfenbeinernen Hirtenstab.

Und Friedrich von Hoym preßte nicht nur die Stadt. *Du magst denn wissen*, vermeldet die Merseburger Bischofschronik, *daß Bischof Friedrich wunderbare Methoden, Gelder zusammenzubringen und zu erwerben, ausgedacht und erfunden hat. Ausgegeben hat er sie sicherlich in ganz angemessener Weise, wenn er sie nur auf gerechte Weise erworben hätte! Denn niemand im Klerus und Volk war sicher vor ihm, sondern er pflegte von jedermann für ein leichtes, zuweilen auch für gar kein Vergehen eine Zahlung einzufordern und ihn auszuplündern, und zärtlich begünstigte und liebte er die Angeber von solchen Leuten, die ausgeplündert und besteuert werden konnten. Handelte es sich aber um Güter und Besitz gestorbener Prälaten und anderer Kleriker, mochten sie nun ein Testament gemacht haben oder nicht, so schob er sich ohne Erröten als Erben unter. Niemand konnte ihm in solchem Streite widerstehen, weil seine Macht groß war. Er wurde von allen gefürchtet und kümmerte sich um niemand. Und so kam er zu großem Reichtum, den er aber, wie oben gesagt, zum Nutzen und Besten unseres Stifts verwendete.*

Tatsächlich brachte Friedrich von Hoym während seiner Regierungszeit mehr als 18 000 Schock Meißner Groschen für die Auslösung von verpfändeten Schlössern, Gütern, Städten und Dörfern des Bistums auf. Und es gelang ihm nicht nur das schwerverschuldete Stift von allen Schulden zu befreien, er kaufte auch kräftig Besitz hinzu, stiftete Kapellen, dotierte Altäre. Und alsbald begann er sogar seinerseits Geld zu verleihen. Gegen entsprechende Sicherheiten und für Wucherzinsen, versteht sich. Und stets nur zum Wohle des Stifts. Ein Lehrstück für Finanzminister.

Die bemerkenswerteste Transaktion gelang Friedrich von Hoym jedoch, wenn auch unbeabsichtigt, indem er die Schlösser in Lauchstädt, Liebenau und Schkopau nach und nach so sehr belieh, daß es den Schuldnern schließlich unmöglich wurde die Pfandsumme einzulösen und die Schlösser samt Zubehör Jahrzehnte später an das Stift Merseburg fielen. Ein Vierteljahr nach seiner Wahl zum Erzbischof von Magdeburg kehrte er nochmals nach Merseburg zurück, um den Kirchenpatronen Johannes und Laurentius zum Abschied die Messe zu lesen. Dabei ließ er die Urkunden über die Verpfändungen dieser drei Schlösser sowie den kostbaren Bischofshut und den Bischofsstab heimlich von Merseburg auf die Burg Giebichenstein bringen. Nun galt es ja den Reichtum des Erzbistums zu mehren, ganz uneigennützig!

Aber unsere heiligen Patrone litten nicht, daß unsere Merseburger Kirche dieser Urkunden, Güter und Besitzungen durch Betrug beraubt würde. Es geschah auf wunderbare Wiese und zu aller Erstaunen, ...daß man in den Büchern die Lektion über die Patrone durchaus nicht finden konnte, auch nicht, als die älteren Vikare der Kirche, welche diese Lektion gar oft gelesen hatten und wußten, an welcher Stelle sie in den Büchern stand, auf das sorgfältigste gesucht hatten...

Und noch ein weiteres Wunder geschah: Ohne die Messe zu Ende zelebriert zu haben, fuhr Friedrich von Hoym davon, kam aber nicht allzu weit. An der Collenbeyer Furt peinigten ihn urplötzlich unerträgliche Schmerzen. Schlaganfall? Herzinfarkt? Oder was? *Er befahl dem Wagenlenker sofort umzudrehen und den Weg nach Merseburg zurückzufahren, indem er sagte: Jetzt sehe ich wirklich, daß die heiligen Patrone erzürnt sind, die mich nicht weiter kommen lassen.*

Nach drei Tagen starb Friedrich von Hoym. Die Domherren aber verschwiegen seinen Tod solange bis es dem als Bischofsvertrauten bekannten Johann Botfeld, wohl unter einem Vorwand, gelungen war, die höchstwichtigen Urkunden und all die anderen Kostbarkeiten des Merseburger Domschatzes aus den erzbischöflichen Gemächern der Burg Giebichenstein wiederzugewinnen. Nun wurde Friedrich von Hoym mit allen kirchlichen Ehren im Merseburger Dom begraben.

Epitaph Thilos von Trotha (Ausschnitt)

entstammt einer alten Ministerialenfamilie, (sein Vater war
Rat des Magdeburger Erzbischofs), wird Propst in Magdeburg
und Kanoniker in Merseburg und am 21.7.1466 zum
Merseburger Bischof gewählt, am 8.3.1467 geweiht, entfaltet
eine rege Bautätigkeit in Stadt und Stift Merseburg, läßt
beispielsweise ab 1470 das alte Bischofsschloß niederreißen
und eine neue, in den Grundzügen dem heutigen
Merseburger Schloß entsprechende Residenz errichten,
erweitert 1483 den Merseburger Gotthardtsteich, beginnt um
1510 mit dem Umbau des Domes, fehdet mehrmals mit den
Mansfelder Grafen, schafft die Unterschiede zwischen
niederen und höheren Vikaren ab, stirbt am 5.3.1514 in
Merseburg und wird im Merseburger Dom beigesetzt.

Thilo von Trotha

*Von diesem Bischoff Thilo von Trodte ist unter den gemeinen
Mann eine gemeine Rede gewesen, als wenn er einsmahls seinen
Cammerdiener darumb, daß er ihm seinen Pitzschier-Ring ent-
führet haben solle, hinrichten laßen, welches sich aber nach etlichen
Jahren anders befunden, indem ein Schiefer Decker solchen Ring
in eines Raben Nest auf dem Thurm innen an der Dom Kirchen
gefunden, weswegen solcher Bischoff hernachmahls solche That
an seinen Diener soll sehr bedauret, und zum steten Andencke einen
Raben mit einen Ring in Schnabel in seinen Wappen geführt haben.*

Allein dieses ist billig für eine Fabel zu halten, weil

1. die alten geschriebenen Chronicen davon nichts melden,

2. haben die Edelleute von Trodte solch Wappen lang zuvor geführet,

*3. liegen in der Dom Kirchen alle Trodten begraben, so ebenfallß
solch Wappen auf den Leichenstein haben, ehe noch Thilo von
Trodte Bischoff worden.*

Soweit der Chronist Möbius.

Kein anderer Merseburger Bischof regierte so lange wie Thilo
von Trotha. Knapp ein halbes Jahrhundert! Folgerichtig fast,
und zumal er ein stets eifriger Regent war, daß er ins Reich der
Sagen einging.

Von hohem Wuchs soll er gewesen sein, der Bischof Thilo von
Trotha, und dabei weise, ernst und verständig. Dem sächsischen
Herzog Georg war er Taufpate. Vom Kaiser Friedrich III. wurde
er mit den Reichsregalien belehnt. Er ließ anstelle des alten
Bischofsschlosses einen neuen, seinem Ansehen und seiner Würde
entsprechenden Palast errichten, in Knapendorf und Schlade-
bach ergiebige Fischteiche anlegen, in Merseburg den Gotthardtsteich zum Fischen vergrößern. Während seiner Amtszeit betrieb
Lucas Brandis in Merseburg die erste Druckerei des nördlichen

43

Deutschlands, wurde ein Merseburger Flächenmaß festgelegt, ein Tiergarten betrieben und das Kapitelshaus ausgebaut. Und zuguterletzt veranlaßte er nicht nur die Ausschmückung der Bischofskapelle, sondern den Umbau großer Teile des Merseburger Domes.

Tüchtigkeit schätzte Thilo von Trotha über alle Maßen und versuchte diese Tugend auszuprägen, indem er den Dingen auf den Grund ging, Leidenschaften der Vernunft unterwarf und Mäßigung und Klugheit im Umgang mit anderen obenansetzte. So seine Maxime. Thilo von Trotha galt als unnachgiebig, doch gerecht und als ein Richter, der ohne Ansehen der Person, nur dem Gesetz verpflichtet urteilte. Selbst der Merseburger Dompropst Johannes Naustadt mußte unter Bischof Thilo nach einer schweren Verfehlung ins Gefängnis.

In späteren Fassungen der Merseburger Rabensage wird Thilo von Trotha jedoch meist als jähzornig, übereilt, launisch und hart charakterisiert. Der Bernburger Erzähler Wilhelm Schönichen nannte ihn sogar schnöde einen *Brausekopf.*

Nun hielt Tilo zur Kurzweil sich einen Raben, der, in des Bischofs Schlosse frei umherlaufend, mehr Gunst genoß als manches Christenkind sich von ihm zu erfreuen hatte. Der Jäger, auch nach des Bischofs Wohlwollen haschend, hatte dem Raben, der Markus gerufen ward, einige Worte gelehrt und war – beiläufig gesagt – gerade nicht des alten Dieners Johann Freund, sondern suchte diesen vielmehr aus seines Herrn Gunst zu verdrängen. Plötzlich vermißte der Bischof eine Morgens beim Ankleiden seinen Ring und eine goldene Kette, welche beide er abends zuvor in das gewöhnliche Kästchen über seinem Bett gelegt hatte, doch ohne dieses vielleicht zu verschließen. Schnell ließ er sein ganzes Hausgesinde versammeln und strenge Nachforschungen anstellen, doch keiner wollte Ring und Kette nur irgendwo gesehen haben. Da rief mit einemmale eine Stimme: „Hans Dieb! Hans Dieb!" Es war der Rabe, und da man von ihm dies frisch gelehrte Wort noch nicht gehört hatte, so hielt man diesen Ausruf für eine Gottesfügung zur Entdeckung des Diebes und für ein Gottesurteil. Flugs ergriff man den alten Johann und warf ihn als verstockten Lügner und Heuchler auf die Folter. Und siehe, was nicht der Schmerz wirkt!

Er gestand nicht bloß etwas als getan, was er doch nicht getan hatte, sondern unter den gräßlichsten Qualen gab er selbst seinen Geist auf...

In anderen Versionen wird der Diener Johann geköpft. Manchmal erscheint er auch nicht als im Dienste ergraut, sondern als schöner, junger Edelknecht. Dann fand man den verschwundenen Bischofsring zuweilen nachdem ein Sturm das Rabennest von einem Schloßturm geweht hatte, ein andermal stürzte der Turm ein. Schließlich erinnern hin und wieder rote Flecke in einer Steinplatte des Schloßhofes an das unschuldig vergossene Blut, und zuguterletzt wandelt der Geist des Dieners Johann mit dem Kopf in der Hand durch die bischöflichen Gemächer im Ostflügel des Schlosses. Was aber, wenn gar nicht der Diener Johann, sondern der gleichnamige Dompropst, von dem man nicht recht weiß, weswegen ihn Thilo von Trotha inhaftieren ließ, hinter der Geschichte steckte? Was würde dann aus der sagenhaften Reue des Bischofs, was aus Thilos Vermächtnis, nach dem als Warnung vor Folgen unbedachten Handelns im Merseburger Schloßhof auf ewig ein Rabe gefangen gehalten werden soll?

Nicht zu vergessen: Rabensagen kursierten auch in anderen deutschen Städten sowie in Ungarn und werweißwo noch. Und neben der Rabensage erzählte man sich in Merseburg, daß die Katze des Bischofs Thilo der Leibhaftige gewesen sei...

Thilo von Trotha steckte nicht nur den Dompropst Johann Naustadt ins Gefängnis, sondern schaffte auch die Unterschiede zwischen höheren und niederen Vikaren ab. Da gingen Pfründe verloren, das gab hartnäckigen Widerstand und wohl auch üble Nachrede. Weiterhin fehdete Thilo von Trotha über lange Zeit mit den Mansfelder Grafen. Vollrath zu Mansfeld verstarb sogar in Merseburg. Und auch mit seinem Vasallen Wilhelm Rider lag Bischof Thilo jahrelang im Streit. Das gab gegenseitige Überfälle, Geiselnahmen, Rachepläne. Am Ende stürzte Wilhelm Rider samt Roß in einen Burggraben und kam darin jämmerlich um. *Auf wessen Veranlassung?* fragt die Merseburger Bischofschronik und gibt auch gleich Antwort hierauf: *Das weiß Gott und unsere heiligen Patrone. Möchten doch alle Feinde der Kirche auch so enden!*

Mit zunehmenden Alter fürchtete sich Thilo von Trotha vor dem Tag, an dem die Sonne ins Sternbild des Krebses eintritt. Und diese Vorahnung war nicht unbegründet, dieser Tag wurde sein Todestag. Längst hatte Bischof Thilo aber für sein Grabmal Sorge getragen, das vergoldete Epitaph und die kunstvolle Bronzetumba in der Werkstatt des Nürnberger Meisters Vischer gießen lassen. Auch die Grabschrift dürfte also schon zu Lebzeiten Thilos von Trotha verfaßt worden sein, also auch dieser Satz: *Aber er ist nicht tot, sein Ruf fliegt weit durch die Lande...*

Selbst der große Märchenerzähler Hans Christian Andersen trug zum Ruf des Bischofs Thilo von Trotha bei, auch von ihm stammt eine Fassung der Merseburger Rabensage:

Ein hiesiger Bischof hatte einen alten Diener unschuldig hinrichten lassen; als er später jedoch entdeckte, daß sein Lieblingsrabe der Dieb gewesen war, verfiel er in Melancholie, ließ den Vogel in einen Käfig sperren und Spott und Schande aussetzen, ja, er legte sogar eine Summe fest, für welche der Rat zu Merseburg auf einige Zeit einen Raben unterhalten solle, der lernen müßte, den Namen des Dieners zu rufen: Jacob. Sobald ein Rabe stirbt, ergeht es ihm wie dem Dalai Lama oder dem Papst: Man hält sogleich Rat und erwählt einen neuen.

Neues Merseburger Rathaus nach Entwürfen J. Möstels
(im 2.Weltkrieg zerstört)

stammt möglicherweise aus dem Vogtland, könnte um 1507
nach Merseburg gekommen sein, wird hier als Bolierer von
Basel bezeichnet und um 1510 erstmals im städtischen
Grundbesitzregister erwähnt, erwirbt 1517 das Merseburger
Bürgerrecht, ist 1517/18 und 1520/21 Baumeister der
Gemeinde, baut 1524–28 das Merseburger Gewandhaus, das
spätere Neue Rathaus, wirkt entscheidend an der
Umgestaltung des Merseburger Domes mit, wird 1530
erstmals in den Stadtrat und schließlich viermal zum
Bürgermeister gewählt: 1539/40, 1545/46, 1548/49 und
1551/52, gilt 1556 als einer der reichsten Männer
Merseburgs, stirbt hier am 12.3.1558.

Johann Möstel

In Merseburg war *wohlfeile Zeit,* überall wurde gebaut, am Dom, in der Altenburg, in der Stadt. Baumeister, Steinmetze, Dachdecker, Maurer waren gefragte Leute, reisten nicht selten von weither an. So auch Johann Möstel. Daß er jedoch bis ans Lebensende hierbleiben, in Merseburg zu Ansehen und Wohlstand kommen würde, wäre ihm anfangs wohl kaum in den Sinn gekommen. Irgendwann lockte ein neues Bauvorhaben, lockte eine andere Stadt.

Ob Johann Möstels erstaunliche Karriere nun begann, da er Bauaufträge geschickter und origineller als irgendein anderer hier ausführte oder da er in die angesehene Ratsherrenfamilie Crodel einheiratete, sei dahingestellt. Ohne Zweifel wäre der weitere Aufstieg des Gemeindebaumeisters Möstel aber jäh gestoppt worden, hätten sich am Pfingstsonnabend des Jahres 1525 nicht einflußreiche Persönlichkeiten für ihn eingesetzt.

Mit acht anderen war Johann Möstel in Verbindung zum Bauernkrieg gebracht und durch ein fürstliches Strafkommando eingekerkert worden. Sollte er bei den Aufständischen gewesen sein, die versucht hatten die Merseburger Domfreiheit zu stürmen? Wurde er für die Petition an den Bischof mitverantwortlich gemacht, in der Merseburger Bürger um die Einsetzung evangelischer Geistlicher, Abgabenmilderung, Zollbefreiung und überhaupt mehr Rechte nachgesucht hatten? Oder war der erfolgreiche und selbstbewußte Architekt einer Denunziation durch Neider und Kleingeister zum Opfer gefallen? Johann Möstel mußte schwören, daß er in Worten und Werken nie mehr Ungutes gegen Herzog Georg von Sachsen unternehmen werde. Claus Baltzsch, Eberhard Prast, Valten Nayll, Hans Braun, Franz Kreczschmar, Peter Kromer, Andreas Letter und Hans Scheffer hingegen wurden hingerichtet.

Johann Möstel konnte seine Arbeit zum Wohle Merseburgs fortsetzen, vollendete das Gewandhaus am Markt, prägte das Aussehen des Domes entscheidend mit. Seine bedeutendste Leistung hierbei dürfte die Einwölbung der Domvorhalle gewesen sein, prächtige Schlaufenornamentik. Anregungen für sein Schaffen wird Johann Möstel wohl auch durch Kontakte zur Merseburger Bildhauerschule gewonnen haben, die sich in den zwanziger Jahren des 16. Jahrhunderts um Ulrich Kreuz bildete und der auch Wolfgang Blechschmidt und Ludwig Binder angehörten. Wie gesagt, Merseburg zog in jener Zeit immer wieder Bauhandwerker und Künstler an. Ein Ort produktiver Kreativität.

Und Johann Möstel zumindest verstand es, aus seiner Begabung gehörig Kapital zu schlagen. 1527 vermochte er das gutgehende Gasthaus *Zum Lewen* zu kaufen, 1541 wurde er vom Bischof Sigismund mit dem Ritterhof belehnt, 1543 fielen ihm ein Weinberg am Gotthardtsteich, eine Wiese hinter Meuschau und ein Viehhof in der Preußergasse als Erbe des verstorbenen Romanus Crodel zu. Johann Möstel mehrte und mehrte seinen Besitz und galt schließlich als drittreichster Bürger der Stadt Merseburg.

Zur steten Vergrößerung seines Einflusses und Reichtums trug mit Sicherheit seine Wahl in den Merseburger Rat im Jahre 1530 bei. Die achtzehn Ratsmitglieder wurden jährlich gewählt, darunter drei Bürgermeister. Einer von ihnen führte mit fünf Ratsherren jeweils die Geschäfte. *Lass dich nicht uff dyne Gewalt / Eyn iar ist balde gecalt,* mahnt eine Inschrift über dem Portal des alten Merseburger Rathauses. Johann Möstel schien die ihm zugewachsene Macht jedoch angemessen genutzt zu haben. Er wurde nicht nur immer wiedergewählt, sondern sogar viermal zum geschäftsführenden Bürgermeister bestimmt, nicht zuletzt in den schwierigen Jahren 1545/46 und 1548/49, da Stadt und Stift in die Wirrnisse des Schmalkaldischen Krieges hineingezogen wurden und nach einer vorübergehenden protestantischen Administration nochmals ein katholischer Herrscher an die Macht kam.

Nach seinem Tode wurde Johann Möstel, seinem Ansehen gemäß, in der Merseburger Stadtkirche beigesetzt. Leider verschwand sein Grabstein im Laufe der Zeit. Gleichfalls nicht mehr vorhanden ist das von ihm errichtete Merseburger Gewandhaus, das nach einem Umbau im Jahre 1720 als Rathaus diente und 1944 durch Bomben zerstört wurde. Doch nach wie vor zeugt das Schlaufengewölbe in der Vorhalle des Merseburger Domes vom Geschick des Baumeisters Johann Möstel.

Martin Luther

geboren am 10.11.1483 in Eisleben, ab 1501 Jurastudium in
Erfurt, Magister, 1505 Novize im Erfurter
Augustiner-Eremiten Kloster,1507 zum Priester geweiht,
Theologiestudium, 1508 Inhaber eines Lehrstuhls an der
Universität Wittenberg, promoviert 1512, Professur, leitet
1517 durch den Anschlag seiner 95 Thesen die Reformation
in Deutschland ein, wird zu deren Führer, verweigert 1521
auf dem Reichstag zu Worms den Widerruf seiner Lehren,
wird in die Reichsacht genommen, findet als Junker Jörg
Schutz auf der Wartburg, übersetzt das Neue (später auch
das Alte) Testament ins Deutsche, stellt sich 1525 gegen die
aufständischen Bauern, führt zahlreiche Dispute, u.a. mit
Zwingli, verfaßt eine Fülle von Schriften, versucht
Landeskirchen durchzusetzen, stirbt am 18.2.1546 in
Eisleben.

Martin Luther

Ein halbes Jahr vor seinem Tod kam Luther ins frisch reformierte Merseburg. Denkbar wäre sein Besuch hier allerdings schon fünfundzwanzig Jahre früher gewesen. Neben anderen Kirchenfürsten hatte Luther auch den Merseburger Bischof Adolph von Anhalt von seinen Wittenberger Thesen unterrichtet, und Bischof Adolph, der mit Luther möglicherweise gut bekannt war, schien sich gegen die Reformabsichten zumindest anfangs nicht verwahrt zu haben. Als Kanzler der Universität Leipzig, ein Amt, das den Merseburger Bischöfen seit Gründung dieser Alma mater im Jahre 1409 zustand, stellte sich Adolph von Anhalt dann sogar gegen die Disputation zwischen Luther und Dr. Eck, ließ in Leipzig ein entsprechendes Dekret anschlagen. Und nachdem diese Auseinandersetzung doch stattfand und Luther gegenüber dem Merseburger Bischof beschwichtigende Erklärungen abgab, schrieb Adolph von Anhalt an Luther, er sehe zwar die Gefährlichkeit seiner Schriften für den gemeinen Mann, hoffe aber, darüber mit Luther einmal selbst diskutieren zu können. Dem zuvor kam aber die päpstliche Bannandrohungsbulle gegen Luther. Nun ließ Adolph von Anhalt Luthers Schriften massenweise zusammenkarren und am 23. Januar 1521 auf dem Merseburger Domplatz verbrennen.

Zweiundzwanzig Jahre sollten daraufhin ins Land gehen, bevor ein evangelischer Geistlicher erstmals eine Merseburger Kanzel betreten konnte. Am 1. Juli 1543 predigte Laurentius Reynhard in der Merseburger Stadtkirche und leitete damit eine Veränderung der hiesigen Machtverhältnisse ein. Am 4. Januar 1544 starb der Bischof Sigismund von Lindenau. Die Merseburger Domherren wagten es offenkundig nicht, nochmals einen katholischen Herrscher zu wählen, nahmen stattdessen Verhandlungen mit dem zum protestantischen Lager gehörenden Herzog Moritz von Sachsen auf. Infolge dessen wurde im Mai 1544 der jüngere Bruder des Herzogs, wurde August von Sachsen zum Administrator des Hochstifts Merseburg gewählt. Zu seinem *Coadjutor in geistlichen Sachen*, vergleichbar wohl einem evangelischen Bischof, ohne landesherrliche Befugnisse allerdings, bestimmte er den konvertierten Domherren Georg von Anhalt. Und dieser endlich bat Luther, ihn feierlich in sein Amt einzuführen, ihn zu ordinieren.

Am 30. Juli 1545 traf Luther, aus Leipzig kommend, in Merseburg ein. Quartier bezog er möglicherweise im Pfarrhaus der Stadtkirche St. Maximi in der Burgstraße. Und am Sonntag, dem 2. August 1545, vollzog Luther dann im bis auf den letzten Platz gefüllten Merseburger Dom die Ordination Fürst Georgs. Ein Erlebnis zweifellos.

Die Merseburger konnten den großen Reformator aber auch noch als wortgewandten Prediger erleben. Am 4. August erstieg er anläßlich der Trauung des Domdechanten Siegismund von Lindenau mit dessen vormaligen Haushälterin die Kanzel des Domes. Und da alle anderen Merseburger Domherren am alten, katholischen Glauben festhielten, wetterte Luther gegen die Ehelosigkeit und den Papst als rechten Ehebrecher und pries den Ehestand als älteste Schöpfungsordnung Gottes. Kein Verheirateter, so auch kein Geistlicher, habe vor Gott seiner Ehe willen ein schlechtes Gewissen zu fürchten, im Gegenteil! Und Luther mußte wissen wovon er sprach, schließlich hatte er vor langer Zeit nicht nur einen *Sermon vom ehelichen Stand* verfaßt, sondern war seit nunmehr zwanzig Jahren mit Katharina von Bora verheiratet.

Die Trauung selbst nahm selbstverständlich der jung ordinierte Fürst Georg vor, der dann auch die Hochzeitstafel ausrichtete. Dabei dürfte ihm zugute gekommen sein, daß ihm der Merseburger Rat bei seinem Einzuge *ein Faß Rheinisch Wein und zwei Faß Torgauisch Bier* verehrt hatte. Wohlan!

Am folgenden Tag weilte Luther bei Dr. Jonas in Halle. Am 6. August predigte er jedoch noch einmal im Merseburger Dom, diesmal *Von dem Reich Christi*. Er verdeutlichte, daß es auf Erden zwei Reiche gebe, zum einen das Reich Christi und zum anderen das weltliche Reich. Beide bestünden nebeneinander und würden in ungleicher Weise regiert. Das Reich Christi gestiftet und regiert *ohne äußerlichen Zwang und Gewalt und ohne weltliche Weisheit und verstand, allein... durchs Wort und Glauben,* und es *hebt das weltliche und äußerliche Reich, das im Tun und Nachdruck stehet, nicht auf, ja es approbiert und bestätigt es... Denn man muß Regenten haben, die Friede, Gericht und Einigkeit halten, Fromme schützen und Böse strafen, sonst würde gar eine Unordnung aller Dinge sein.* Trennung von Kirche und Staat also. Präzise legitimierte diese Predigt den Bruch mit der traditionellen Alleinherrschaft der Merseburger Bischöfe.

Mit Sicherheit werden diese Überlegungen Luthers auf dem anschließenden Konvent, zu dem Fürst Georg in die Dompropstei eingeladen hatte, erörtert worden sein. Neben Superintendenten und Pastoren der Umgebung nahmen daran auch Leipziger und Wittenberger Professoren sowie Bugenhagen und Melanchthon teil.

Was so wohlgefügt schien, geriet infolge der Niederlage des protestantischen Lagers im Schmalkaldischen Krieg jedoch wieder aus den Fugen. Kursachsen mußte dem Hochstift Merseburg entsagen und Georg von Anhalt als Coadjutor abdanken. Mit Michael Heldingk, genannt Sidonius, kam in Merseburger für dreizehn Jahre noch einmal ein katholischer Kirchenfürst an die Macht. Luther sollte es nicht mehr erleben.

Titelblatt der Brotuff-Chronik, Ausgabe 1556

geboren um 1497 in Frankenstein/Sachsen, 1515 Student in Wittenberg, ab 1516 Schreiber, seit 1525 Advokat im Merseburger Petri-Kloster, ab 1537 möglicherweise auch Verwalter des aufgelösten Gotthardtsklosters, erhält 1540 die Tonsur, vollendet 1541 das „Erbbuch der Güter und Gerechtigkeit des Klosters St. Petri vor Merseburg", wahrscheinlich ab 1543 Syndicus des Merseburger Rates, 1550–52 Schulverwalter in Pforta, dann wieder in Merseburg, Mitglied des Rates, 1555 und wohl auch 1557 regierender Bürgermeister, veröffentlicht 1556 die „Chronica und Antiquiteten des alten Keyserlichen Stiffts, der Römische Burg und Stade Marsburg an der Salah bey Tueringen", verfaßt noch zahlreiche andere Schriften, stirbt 1565 in Merseburg.

Ernst Brotuff

Schreiben, das war seine Chance, und Ernst Brotuff verstand sie
zu nutzen. Eine erste Ahnung von der Wirkung und den Möglichkeiten des geschriebenen Wortes mag dem jungen Skribenten
des Merseburger Petri-Klosters schon 1520 gekommen sein, als
er dem gelahrten Theologen Dr. Eck bei der Verfassung der
päpstlichen Bannandrohungsbulle gegen Martin Luther zu assi-
stieren hatte. Und sollte er sich nicht nur in Schreibstuben auf-
gehalten, sondern zuweilen Geselligkeit gesucht haben, könnte
Ernst Brotuff auch mit der Fabulierfreude und dem Phantasie-
reichtum eines Meistersängers bekannt geworden sein. Immerhin weilte in jenen Jahren irgendwann Hans Sachs in Merseburg, schrieb zum Abschied sogar ein Gedicht. Es sollte jedoch
noch einige Zeit brauchen, bis Ernst Brotuff eigenständig Schriften
zu verfassen begann. Und er verlegte sich nicht auf die Poesie,
sondern die Historie.

Sieht man von der Bischofschronik, den Kalendarien und Rats-
büchern einmal ab, war in Merseburg seit Thietmars Zeiten, seit
mehr als fünfhundert Jahren also, an keiner stadt- und regional-
geschichtlichen Betrachtung mehr gearbeitet worden. Ausgangs
der dreißiger Jahre des 16. Jahrhunderts stellte sich nun Ernst
Brotuff dieser Aufgabe. Vielleicht war ihm beim alltäglichen Umgang mit Urkunden und Dokumenten der Wunsch nach Syste-
matisierung und Verallgemeinerung gereift, möglicherweise
überkam ihn als Nachlaßverwalter des durch Mißwirtschaft ein-
gegangenen Gotthardtsklosters auch die Vorstellung, daß die
überkommene, klerikale Ordnung selbst in der alten Bischofsstadt Merseburg nicht mehr allzu lange Bestand haben könnte,
dann sicherlich kaum noch am klösterlichen Weltbild geschulte
Schreibfertigkeiten gefragt sein würden. Oder ließ ihm seine

nicht eben kleine Familie angeraten sein, sich auch mit städtischen Belangen zu befassen? Schließlich hatte Ernst Brotuff neben seiner Frau Katharina die Söhne Ernst, Christoph und Georgen sowie die Töchter Catharina und Christina zu versorgen. Und auch das stattliche Haus am Markt wollte unterhalten sein.

Doch so zügig, wie wohl erhofft, kam er mit seiner Arbeit an einer neuen Chronik Merseburgs nicht voran. Mauritius, der Abt St. Petris, hatte ihm ein *Erbbuch der Güter und Gerechtigkeit des Klosters* in Auftrag gegeben. Auch solch eine Übersicht vermochte den Untergang dieser einst mächtigen Merseburger Abtei, die jahrzehntelang Arbeitsstelle Ernst Brotuffs war, aber nicht mehr aufzuhalten. Nachdem die Reformation im Ort ab 1543 entscheidend vorankam, sank das Petri-Kloster alsbald zur Bedeutungslosigkeit herab, wurde schließlich 1562 säkularisiert. Ernst Brotuff jedoch hatte sich offenbar noch rechtzeitig auch in der Stadt einen Namen gemacht, wurde vom Rat als Syndicus eingestellt. Und als solcher leistete er dann Höchstwichtiges: Bis 1545 faßte er alte Rechte und aus neuem Bürgerstolz erwachsende, den gründlich veränderten Umständen Rechnung tragende Ansprüche zum *Großen Privilegium der Stadt zusammen,* das schließlich vom Administrator Herzog August von Sachsen, der nunmehr anstelle des Merseburger Bischofs regierte, tatsächlich bestätigt wurde.

Und Ernst Brotuff schrieb sich weiter voran. Dem mitregierenden Koadjutor Fürst Georg verfaßte er die *Genealogia und Chronica der Fürsten zu Anhalt*, ein Werk, für das immerhin Melanchthon eine lobende Vorrede beitrug. 1549 erarbeitete er dann sogar eine *Chronica von dem Hochlöblichen Königlichen und Fürstlichen Geschlechte und Herkommen des Chur- und Fürstlichen Hauses zu Sachsen.* Zwar gab in Merseburg nach dem Sieg der katholischen Partei im Schmalkaldischen Kriege noch einmal ein Bischof ein Zwischenspiel, doch wurde Ernst Brotuff im Jahre 1550 vom sächsischen Kurfürsten zum Verwalter der Landesschule Pforta befördert. 1552 überarbeitete und erweiterte er diese Schrift, eine weitere landesherrliche Beförderung blieb jedoch aus. Ernst Brotuff kehrte nach Merseburg zurück, die Arbeit an der hiesigen Chronik wurde wieder wichtig.

Um endlich auch hiermit zum Abschluß zu kommen, schien er fürderhin eine Methode zu nutzen, die ihm schon bei der Verfertigung zweier kleiner Schriften über die Geschichte des Klosters und der Schule Pforta widerspruchslos durchgegangen war. Er setzte mündliche Überlieferung, Anekdoten, Sagen, Legenden, verbürgten Fakten gleich. Nun ließ sich mit Phantasie und weitschweifigem Fabulieren so manche Lücke schließen. Am folgenreichsten sollte dieses Vorgehen für die Ungarnschlacht Heinrich I. werden.

Seitdem das deutsche und das ungarische Heer im Jahre 933 aufeinanderstießen, war der Schlachtort nur als *Riade* überliefert, eine Geländebezeichnung offenbar. Ernst Brotuff aber fixierte Keuschberg als Ort des für Heinrich I. siegreichen Kampfes. Und fast vierhundert Jahre lang sollte diese Brotuffsche Hypothese unangefochten bleiben! Erstaunlich auch insofern, da so manches seiner Werke schon wesentlich früher in die Kritik geriet. Noch zu Lebzeiten Ernst Brotuffs entdeckte Georg Agricola Fehler, wollte aber nicht, daß man sie dem Merseburger Kollegen vorlegte, *damit man ihn nicht von fernern Fleiß abhalten möchte.*

Außerordentlich fleißig war Ernst Brotuff zweifellos. Seinem am 12. März 1554 beendetem Hauptwerk *Chronica von den Antiquiteten des Keyserlichen Stiffts, der Römische Burg und Stade Marsburg an der Salah bey Tueringen*, das 1556 erstmals in Bautzen und ein Jahr später in Leipzig als Nachauflage erschien, ließ er noch zahlreiche andere Schriften folgen. Nicht selten verwendete er dabei allerdings Versatzstücke aus früheren Veröffentlichungen. Dem Magdeburger Rat widmete er seine *Sächsische, Meißnische, Thüringische, Heßische und Wendische Chronica*, dem Halleschen Rat die *Chronica von den Saltz-Bornen und Erbauung der Stadt Hall* und dem Rat zu Pegau die *Historia von Herrn Wiprecht, Marggraf zu Lausnitz, Burggrafen zu Magdeburg und Leisnick Grafen zu Gröitzsch*. Ferner verfertigte er die *Genealogie der Herzogen zu Braunschweig*, das *Chronicon der alten Pfalzgrafen zu Sachsen* sowie die *Türingische Chronica. Annales, antiquitates und Historiae, von der Turingen Ursprung, Geburt, Herkommen, Namen, Kriegen, Schlachten, Geschichten, Richtern, Königen, Herzogen, Vicedum,*

Grauen, Lantgrauen, Bekerunge zum Christlichen Glauben, von den Bischtümbern Neunburgk und Czeits, sampt vil andern sonderlichen schonen alten und nawen nutzlichen Historien, lustig und kurtzweilig zu lesen. Dieses Werk eignete Ernst Brotuff dem nunmehrigen Kurfürsten August von Sachsen zu, was ihm, obwohl diese Schrift nicht im Druck erschien, einhundert Gulden einbrachte.

Und noch einträglicher sollte die ebenfalls dem Kurfürsten zugeeignete *Chronica und Geburts-Buch des Durchlauchtigsten, Hochgebornen, Königlichen und Fürstlichen Hauses, der Herzogen und Churfürsten zu Sachsen, Landtgraven zu Thüringen und Marggraven zu Meißen* werden. August von Sachsen bewilligte Ernst Brotuff, *daß ihme, seiner Mühe halben, welche er in Verfertigung einer Sächß. Chronica oder Stammbuchs und sonsten aufgewendet, und seine Nahrung darüber versäumet und fahren lassen, vor alle seine Forderung 500. fl. Müntz gereichet werden sollen.* Fünfhundert Gulden! Wahrlich, Ernst Brotuff verstand sein Geschäft. Und nicht zu vergessen schließlich, daß sein Ansehen ihn auch zum Merseburger Bürgermeister werden ließ. Macht, Ehre und Geld, hatte er nicht alles erreicht?

Im fünfundsechzigsten Lebensjahr heiratete Ernst Brotuff dann noch ein zweites Mal. Ursula hieß die Glückliche. Drei Jahre später starb er aber und wurde auf dem Sixtus Kirchhof begraben. Mit Sicherheit werden seiner Beisetzung neben Angehörigen, Amtspersonen und Freunden weitere Merseburger beigewohnt haben, denn Stadtgeschichte hatte Ernst Brotuff allemal geschrieben.

August ivon Sachsen

geboren am 31.7.1526 in Freiburg als Sohn Herzogs
Heinrichs von Sachsen, wird als Achtzehnjähriger erstmals
Administrator des Hochstifts Merseburg (bis 1548), ein
zweites Mal ab 1565, 1553 Kurfürst von Sachsen, setzt sich
für die Aufrechterhaltung der durch den Augsburger
Religionsfrieden sanktionierten politischen Verhältnisse ein,
wird so in Anlehnung an die Habsburger zum Führer des
konservativen lutherischen Lagers, grenzt sich scharf vom
Kalvinismus ab, besiegelt damit die Spaltung des
Protestantismus, stärkt Sachsen durch seine Wirtschaftspolitik
und den Ausbau der Behördenorganisation, schafft 1572 die
erste einheitliche Territiorialgesetzgebung Deutschlands,
stirbt am 11.2.1586 in Dresden.

August von Sachsen

Mit August von Sachsen kam in Merseburg nach fast sechshundert-
jähriger Bischofsherrschaft erstmals wieder ein weltlicher Poten-
tat an die Macht. Und die Wahl Herzog Augusts zum Administrator des Hochstifts begründete hier am 14. Mai 1544 seinerseits eine mehr als zweihundertfünfzigjährige sächsische Regentschaft. Zwar gab es in Merseburg nach der Niederlage Sachsens
im Schmalkadischen Krieg nochmals ein bischöfliches Intermezzo,
doch ebnete der Augsburger Religionsfrieden den Weg zur neuer-
lichen und vorerst endgültigen sächsischen Herrschaft im Stift.
Nach dem Tode des letzten Merseburger Bischofs Michael Heldingk, der schon geraume Zeit nicht mehr in seiner Residenz
weilte und seine letzte Ruhestätte im Wiener Stephansdom fand,
übernahm 1561 der siebenjährige Alexander von Sachsen die Administration über das Hochstift Merseburg. Unter Vormundschaft
seines, inzwischen zum Kurfürsten avancierten Vaters August,
versteht sich. Und da Alexander, erst elfjährig, plötzlich verstarb, regierte August von Sachsen ab 1565 hier auch offiziell ein
zweites Mal.

Allzu oft scheint Kurfürst August jedoch nicht in Merseburg
gewesen zu sein, wenn überhaupt. Verbürgt ist nur ein Aufenthalt des jungen Herzogs August in der Saalestadt anläßlich eines
Stiftstages im Juli 1546. Natürlich, der Kurfürst hatte reichlich
in Dresden zu tun. Was August von Sachsen aber für Stadt und
Stift Merseburg verfügte, war gewiß das Unwichtigste nicht.

So bestimmte er schon 1545, daß in Merseburg das Marktrecht
vom Bistum an den Rat übergeht und bestätigte das neue, große
Privilegium der Stadt. Auch verfügte er, daß auf dem Merseburger
Markt der Staupenbrunnen nebst Staupensäule errichtet wurden.
1547 gibt er der Stadt das 1435, nach Streitigkeiten um den

Hansebeitritt vom Bischof Johannes Bose eingezogene Neumarkttor zurück. Und auch um das Merseburger Domgymnasium
machte er sich verdient. Dank Zuwendungen aus der kurfürst-
lichen Kasse konnte das Schulgebäude am Kreuzgang erbaut
und eine Rektorenstelle eingerichtet werden. Am 19. Dezember
1575 wurde das Domgymnasium eingeweiht. *Es hat also dieser
Gottseeliche vortreffliche Herr sehr wohl verstanden, was gute
schulen einem gantzen Lande für großen nutzen brächten,* urteilt
der Chronist Möbius. 1577 veranlaßte August von Sachsen den
Bau der Hohen Brücke an der Straße von Merseburg nach Leipzig.
Und 1579 wies er an, einen Kanal zu graben, der die kurfürst-
lichen Salinen Kötzschau und Teuditz und das Merseburger
Land künftig besser mit Holz versorgen sollte, den Flözgraben.

In Vergessenheit geriet so offenbar, daß Herzog August 1546
die Kirchenschätze der Merseburger Sixti-Kirche sowie zahllose
Kleinode aus den Stiftsdörfern in den sächsischen Staatsschatz
bringen und zu Münzen schlagen ließ, Münzen, die dann im
Schmalkaldischen Krieg verpulvert wurden...

1583, knapp vierzig Jahre nachdem die Merseburger Domherren
August von Sachsen erstmals zum Administrator gewählt hatten,
machte sich das Domkapitel anheischig, die Herrscher über das
Hochstift beständig aus dem Hause Sachsen zu postulieren. Wie
verpflichtend diese Willenserklärung war, verdeutlichte Christian I.,
der nach dem Tode Augusts von Sachsen zur Kurfürstenwürde
gelangt war und nun, im Jahre 1586, mit sechshundert Reitern
in Merseburg einrückte, um sich zum Administrator wählen zu
lassen. Fünf Jahre darauf übernahm der noch minderjährige
Johann Georg I. von Sachsen die Regentschaft über das Hochstift
Merseburg. Und nach seiner Mündigkeitserklärung im Jahre 1603
wurde er seit ottonischer Zeit der erste weltliche Regent, der wieder
in Merseburg residierte, bis 1611 zumindest, denn da erlangte
auch Johann Georg I. die Kurfürstenwürde. Und dank der von
ihm verfügten Erbteilung sollte dann im Jahre 1656 für sieben
Jahrzehnte sogar ein Herzogtum Sachsen-Merseburg entstehen.

Gustav II. Adolf

geboren am 19.12.1594 in Stockholm, erhält eine
ausgezeichnete wissenschaftliche und militärische
Ausbildung, wird 1611 König von Schweden, führt Kriege
gegen Dänemark, Rußland und Polen, gewinnt
Ingermannland, Karelien, Livland, Kurland, Memel und
weitere Gebiete, fördert Handel und Gewerbe, Straßenbau
und Schiffahrt, Städtebau und Bildung, ordnet Verwaltung,
Rechts- und Heerwesen neu,trägt so entscheidend zum
Aufstieg Schwedens zur europäischen Großmacht bei, greift
nach Abschluß eines Waffenstillstandes mit Polen auf Seite
der schwerbedrängten deutschen Protestanten in den
Dreißigjährigen Krieg ein, schlägt Tilly 1631 bei Breitenfeld
und 1632 am Lech sowie Wallenstein bei Lützen, doch fällt
am 16.11.1632 in dieser Schlacht, wird in Stockholm
beigesetzt.

Gustav II. Adolf

Zweimal führte Gustav Adolf sein Heer im Hochstift Merseburg ins Gefecht. 1631, seit einem Jahr Verbündeter der Sachsen, vermochte er die feindlichen Kaiserlichen unter Tilly bei Breitenfeld zu stellen und erstmals entscheidend zu schlagen. Die Hoffnung zahlloser Protestanten auf baldigen Frieden, durch das Eingreifen des Schwedenkönigs in den schon dreizehn Jahre währenden Krieg geweckt, schien sich zu erfüllen. Die Truppen der katholischen Liga zogen sich vorerst zurück.

Die Merseburger dürften unter den durch die Stadt Fliehenden einstige Peiniger entdeckt haben, schließlich hatten Einheiten Tillys erst vor Wochen die Altenburg und Pappenheims Söldner den Neumarkt geplündert. Und nun, einen Tag nach der Schlacht, bedrängte das Pappenheimsche Regiment erneut die Stadt, forderte massiv Proviant und drohte im Falle der Verweigerung mit Brandschatzung. Doch rückten die Schweden konsequent und auf breiter Front nach, setzten schon durch die Meuschauer Furt. Alsbald war innerhalb der Stadtmauern kein Pappenheimer mehr zu finden. Von den Türmen sollen Scharmützel bis Lauchstädt hin zu beobachten gewesen sein.

Gegen Abend kamen dann schwedische Offiziere, verhandelten im Rathaus. Die Kunde verbreitete sich, daß Gustav Adolf sein Lager bei Wallendorf aufgeschlagen habe. Am nächsten Morgen aber ritt der König der Schweden mit großem Gefolge durch das Neumarkttor nach Merseburg ein. Nach altem Kalender schrieb man den 9., nach neuem den 19. September 1631. Im Schloß übergab der Hauptmann der verbliebenen kaiserlichen Wache dem Sieger von Breitenfeld die Truppenfahne, anschließend begab sich Gustav Adolf in den Dom. Auch wenn die Merseburger Domherren vor den Kaiserlichen geflohen waren, dürfte wohl ein

Dankgottesdienst zelebriert worden sein. Zu Mittag speiste der Schwedenkönig beim Gastwirt Matthes Müller, in der *Güldenen Sonne* am Markt. Danach ritt er wieder zum Schloß und wahrscheinlich am Tage darauf weiter nach Halle.

Gut ein Jahr später zwangen die Wirren des Krieges, der am Ende der Dreißigjährige sein würde, Gustav Adolf im Hochstift Merseburg erneut in den Kampf. Wallenstein war mit starker Streitmacht in Sachsen eingefallen, hatte Leipzig, Merseburg, Halle und weitere Städte der Region besetzt. Eine bedrohliche Situation. Im Laufe des 15. November stießen das zahlenmäßig weit überlegene kaiserliche und das protestantische Heer bei Lützen aufeinander. Sofort setzten Vorhutgefechte ein, die Entscheidung in dieser, dem Dreißigjährigen Krieg eine Wende gebenden Schlacht, sollte jedoch erst am 16. November 1632 fallen.

Der Merseburger Stadtschreiber Georg Sieler notierte an diesem Tag: *Man hat bald ein Schießen gehöret, welches je mehr und mehr zugenommen und den ganzen Tag bis auf den Abend gewähret, aus großen Stücken und Musketen; allen Vermutungen nach etwa um Lützen. Gegen Abend sind etzliche Verwundete angekommen, welche berichtet, daß Königl. Majestät in Schweden den General angegriffen...*

Der Tag der Entscheidung war ein klammer Novembertag. Gustav Adolf versuchte mit einigen Getreuen die feindlichen Linien zu erkunden, geriet im dichten Morgennebel aber unversehens in Schußnähe der Kaiserlichen. Eine Musketenkugel traf den Schwedenkönig in den Rücken. Er stürzte vom Pferd, doch verhedderte sich im Steigbügel, soll hunderte Meter mitgeschleift und völlig hilflos dann von katholischen Söldnern erstochen worden sein.

Unter den Protestanten schienen Entsetzen und Wut über den Tod ihres charismatischen Befehlshabers nach anfänglicher Lähmung unbeugsamen Kampfeswillen freigesetzt zu haben. Bis zum Abend errangen sie unter Bernhard von Weimar den Sieg über Wallensteins übermächtiges Heer. Weit und breit gab es jedoch keine, dem König der Schweden vergleichbare Führerpersönlichkeit. Gustav Adolfs Tod war für das gesamte protestantische Lager ein unersetzlicher Verlust. Sein Leichnam wurde in der Dorfkirche von Meuchen aufgebahrt und schließlich unter großer Anteilnahme der Bevölkerung nach Stockholm überführt.

Am 17. November 1632 schrieb Georg Sieler ins Merseburger Ratsprotokoll: *Nachdem gestrigen Tages etzliche Kaiserische sich anhero retirieret, als ist heut ein schwedischer Kapitänleutnant mit etzlichen Reutern anhergekommen, welche teils Kaiserische niedermachen, teils gefänglich nehmen lassen.* Racheakte offenbar.

Und nachdem Sachsen und Schweden dann nicht länger verbündet waren, sollten die einstigen Allierten in und um Merseburg wieder und wieder als grausame Unterdrücker auftreten. Als unmenschlich bis ins letzte Kriegsjahr erwiesen sich dabei die Truppen der schwedischen Generale Banér, Torstensson und Königsmarck. Es gab Zeiten, da Merseburger vor Not Gras fressen mußten. Im Protokoll eines Stiftstages wurde vermerkt: *Brandt, Mordt, Raub, Plünderung, Schatzungen, Nothzucht, Unzucht, Uppigkeit gehet in vollem Schwang, himmelschreiende Sünden werden ohne Scheu getrieben...* Wer hatte da noch Hoffnung?

Georg Möbius

geboren 1616 in Laucha/Unstrut, studiert in Leipzig und
Jena, Magister, wird 1647 Rektor des Merseburger
Domgymnasiums, bezieht 1654 ein Haus in der Oberen
Burgstraße, das beim großen Stadtbrand von 1662 mit
abbrennt, erwirbt 1659 den akademischen Grad eines Theol.
Licent., entwirft eine neue Schulordnung für das
Domgymnasium, wirkt ab 1668 als Professor der Theologie
an der Universität Leipzig, veröffentlicht im selben Jahr die
„Neue Merseburgische Chronik" (vom Merseburger
Domvikar Gottfried Ludwig Präger bis 1760 fortgesetzt, und
mit dieser sowie weiteren Ergänzungen 1914 vom Verein für
Heimatkunde neu herausgegeben), stirbt am 28.11.1697
in Leipzig.

Georg Möbius

Jeden Morgen das Gleiche: kaum aus dem Haus, sperrten aufge-
dunsene Hunde und Katzen, verwesende Gänse, Enten oder
Hühner den Weg, und der Unrat und Kot von dreißig Jahren
Krieg steigerte mit jedem Schritt die abgründige Tristess, mit jedem Atemzug die verblödende Mühsal der Tage. Das Amt ließ
natürlich Würde bewahren; Rektor des Merseburger Gymnasiums,
dieses einst vom Landesherrn gestifteten Hortes höherer Bildung,
verpflichtet der Tradition des altehrwürdigen Domes, ja solches
Amt erhob. Die Gymnasiasten aber, waren nun nach den Kriege
an den Fingern beider Hände abzählen, und mit ihrer Lern-
bereitschaft und Intelligenz war es weißgott nicht weit her. Ein
Zweifel nährendes Dasein.

Georg Möbius verfiel zusehens und selbst während des Unterrichts in anhaltendes Grübeln. Was für Pläne hatte er gehabt,
als er zum Rektor ernannt wurde, glaubte das Domgymnasium
zu einer der Landesschule Pforta gleichwertigen Bildungsstätte
entwickeln und dabei sein Spezialfach, die Theologie, entscheidend
nutzen zu können. *In nomine patrii et filii et spiritus sanctii. Amen.*
Eines war Georg Möbius klar, keinesfalls durfte er sich durch
die widrigen Umstände zum geistigen Müßiggang verleiten lassen.
Im Gegenteil, er sollte versuchen sein Arbeitspensum nicht nur
beizubehalten, sondern zu steigern, um inneren Frieden zurück-
zugewinnen. Angestrengt studierte er ein ums andere Mal die
Heilige Schrift, ertappte sich aber immer häufiger dabei, daß seine
Gedanken zu Greueln des großen und schrecklichen Krieges
schweiften, der doch von beiden Parteien im Namen des allein-
seeligmachenden Gottes geführt worden war. Die Hälfte der Bevöl-
kerung Merseburgs hatte in dreißig Jahren Krieg, wobei die Zeit
seit 1631 hierzulande vor Heimsuchungen stillzustehen schien,

ihr Leben verloren; ruiniert zahllose Gebäude, verheert Gärten und Felder. Aber vielleicht war es ganz falsch, die Kriegswirren zu verdrängen, müßte man sich mit den Geschehnissen selbst, deren Ursachen und Folgen auseinandersetzen, um zur Besinnung zu kommen?

Georg Möbius begann zu notieren, was in den vergangenen Jahren in und um Merseburg den Lauf der Geschichte bestimmte. Dabei kam ihm zugute, daß sein Vorgänger im Rektoramte, Valentin Heustreu, Schulakten, Berichte, Rechnungen und dergleichen sorgsam verwahrt und zum Teil sogar mit Anmerkungen versehen hatte, und der alteingesessene Kantor Georg Metz in so manchem Gespräch ein vorzügliches Detailgedächtnis bewies. Nichtsdestotrotz suchte Georg Möbius alsbald um Einsicht in Unterlagen des Merseburger Rates sowie der Domstiftsbibliothek nach. Und umso mehr er sich um Daten und Fakten bemühte, erkannte er, daß er die Ereignisse des Dreißigjährigen Krieges ohne eine Betrachtung der Reformation, die Geschichte der Reformation ohne Kenntnis um frühere Schismen einschließlich der Hussitenbewegung, Kirchengeschichte im Allgemeinen wie im Besonderen ohne Erörterung des jahrhundertewährenden Konflikts zwischen Papst und Kaiser, die Stärken und Schwächen deutscher Könige und Kaiser wiederum ohne Wissen um fränkisches und römisches Kaisertum, daß er Geschichte schlechthin ohne Bezugnahme auf deren Kontinuum nicht würde erklären können.

Georg Möbius las, was immer er an Werken großer Historienschreiber habhaft wurde; Heraklit, Strabo, Florus, Cluvenius, Micrelius, Tacitus, Witukind, Luitprand, Deogerus Whear. Und nach und nach vertiefte er sich auch in die einschlägigen Beschreibungen deutscher Regionalgeschichte: Spangenbergs Mansfeldische, Becherers Thüringische, Schneiders Leipziger, Pomarius' Magdeburger, Petrus Albinius Meißnische, Cranz' Sächsische, Lehmanns Speyerische Chronik. Auch Rixners Turnierbuch, Dreßers Städtebuch, der Sachsen-Spiegel und Helmolds Chronik der Slaven fand sein Interesse. Schließlich beschäftigte er sich eingehend mit Merseburger Geschichte, konspektierte die Bischofschronik, das Kopial- und das Urkundenbuch des Domkapitels, die Chroniken Thietmars, Brotuffs, Hahns und Voccius'. Nun forderte sein Tagwerk oft all seinen Leistungswillen, Lesen, Systematisieren, Unterrichten, Verwalten...

Dieses beständige Arbeiten, ausgenommen selbstverständlich am geheiligten Sonntag, stärkte Georg Möbius jedoch ungemein das Selbstbewußtsein, so daß er nicht nur mit seinen Geschichtsstudien gut vorankam, sondern allmählich auch Ordnung in die schulischen Angelegenheiten bekam, sogar über eine Reorganisation des Domgymnasiums unter dem Patronat des neuen Administrators, Herzog Christians, nachdachte.

Und nachdem ihm neben Freunden und Kollegen immer öfter auch Dom- und Ratsherren zuredeten, sein außergewöhnliches historisches Wissen, von dem er beim Biere zuweilen Kostproben zum Besten gab, zum Ruhme von Stadt und Stift einzusetzen, schrieb er, was ihn insgeheim seit langem beschäftigte: eine neue Merseburgische Chronik.

1666 im großen und ganzen beendet, kam dieses Werk dann nicht eben zufällig in Leipzig zum Druck. Der Ruf des fleißigen und vielseitigen Merseburger Rektors hatte sich so weit herumgesprochen, daß Georg Möbius im zweiundfünfzigsten Lebensjahr zum Professor avancierte und fürderhin an der Alma mater lipsiensis wirkte. Den Höhepunkt seines Schaffens aber sollte er in Merseburg erreicht haben, hier, wo er aus dem Chaos Krieg und Nachkrieg zu neuem Lebenssinn fand.

Herzog Christian I.

geboren am 27.10.1615 in Dresden, übernimmt ab 1650
von seinem Vater, Kurfürst Johann Georg I., zunehmend die
Administration des Hochstifts Merseburg, residiert ab
30.9.1653 in Merseburg, wird 1656 nach der Wettinischen
Erbteilung erster Herzog von Sachsen-Merseburg, 1659
ordentlich zum Administrator gewählt, trägt durch seine
Regierung zum Aufschwung des Merseburger Landes nach
dem Dreißigjährigen Krieg bei, entwickelt eine rege
Bautätigkeit, erläßt zahlreiche Verordnungen, stirbt am
18.10.1691 in Merseburg und wird in der von ihm
begründeten Fürstengruft des Merseburger Domes beigesetzt.

Christian I. (der Ältere)

Mit Gott und der Zeit, Cum Deo et die, lautete der Wahlspruch Christian des Älteren, erster Herzog von Sachsen-Merseburg. Und eine der ersten Anweisungen, die er traf, war, daß in seiner Residenz Merseburg die Domuhr der Stadtuhr eine Viertelstunde nachzugehen habe.

Selbst wenn diese Anordnung unsinnig und despotisch gewesen wäre, hätten sie die Merseburger wohl kommentarlos hingenommen. Der Wunsch nach einem starken und selbstbewußten Führer dürfte nach den Wirrnissen des Dreißigjährigen Krieges übermächtig gewesen sein. Und nun bekam man sogar einen Herzog, einen eigenen Herzog!

Schon der Einzug Christians I. in seine Residenz wog zweifellos manches Elend auf: Hoch zu Roß überquerte Durchlaucht die Neumarktsbrücke, vor ihm schritten Trompeter, neben ihm Lakaien, und in einer Kutsche folgten ihm seine Gemahlin Christiane mit Töchterchen Magdalene Sybille. Den Zug beschloß das übrige herzögliche Gefolge. Links der Saale standen die Merseburger Ratsherren mit entblößten Häuptern und entboten Christian I. ihre Reverenz. Hinter den Ratsherren bildete die Bürgerschaft in Fahnenschmuck und Waffen ein dichtes Spalier. Aus den Eckhäusern der Oberburgstraße bliesen die Stadtpfeifer ein Willkomm. Am Domplatz dirigierte der Rektor des Gymnasiums den Schulchor. Im Schloßhof warteten untertänigst die Domherren und geleiteten Christian und Christiane über die große Wendeltreppe zu den fürstlichen Gemächern. Und während am Abend die Ritterschaft und die Domherren mit dem Herzogspaar speisten, schoß die Bürgerschaft vor dem Schlosse Salut. Wahrlich, ein gelungener Empfang. Cum Deo et die.

Und Christian I. ordnete in seinem Herzogtum nicht nur den

Gang der Kirchturmuhren neu, beileibe nicht. Gut ein Jahr nach seinem Einzug wies er an, daß fürderhin sonntags im Dom, in der Stadtkirche sowie in den Kirchen der Vorstädte Neumarkt und Altenburg vormittags und nachmittags gepredigt werden solle, ebenso dienstags und donnerstags in der Stadtkirche und Mittwochs im Dom. Täglich aber sollten in diesen beiden Gotteshäusern künftig nachmittags um 2 Uhr Fürbitten gehalten werden, und selbstverständlich wurden durch Christian I. auch die Fürbitten in den Kirchen der Altenburg und des Neumarkts geregelt, hier noch unter Berücksichtigung jahreszeitlicher Gesichtspunkte. Ferner verordnete Christian I., daß in seinem Herzogtum monatlich ein Bußtag stattzufinden habe und ließ im Merseburger Dom den Klingelbeutel einführen. Cum Deo et die.

Eine Tagelöhner- und Handwerkerordnung erließ Christian I., eine Mühlordnung, eine Bettlerordnung, eine neue Schul-, eine neue Jahrmarkts- und auch eine neue Polizeiordnung; nun hatte das Eintreffen von Zigeunern durch Sturmläuten angezeigt zu werden. Weiterhin bestimmte Christian I., daß *die Fastnachtszeit über alle Üppigkeit abgestellt werde* und in den Wirtshäusern die Spielleute sich nicht mehr hören lassen durften. Sein Versuch aber, im Herzogtum Sachsen-Merseburg eine eigene Münzstätte einzurichten, wurde vom Dresdner Hof schnurstracks unterbunden. Cum Deo et die.

Segensreich für Merseburg war jedoch zweifellos Christians Baufreudigkeit. Er ließ die im Dreißigjährigen Krieg zerstörte Neumarktsbrücke instandsetzen und das Gut Werder wieder aufbauen. Der Schloßgarten wurde angelegt, der Jägerhof, der Holzhof, die Hoffischerei, die Fasanerie, eine Post, ein Schlachthaus, eine Hoftöpferei, eine Hofdruckerei, eine Reitbahn, eine Ziegelei und ein Zeughaus samt Bibliothek errichtet; nicht zu vergessen das Fischhaus am Gotthardtsteich, alsbald *Herzog Christian* genannt. Und selbstverständlich erfuhren Dom und Schloß barocke Verschönerungen: das Portal des Schloßvorhofes mit herzöglichem Wappen, der Brunnen auf dem Domplatz mit herzöglichem Wappen, Obelisken im Schloßgarten für Christian und Christiane, im Dom eine neue Orgel, eine neues Gestühl,

Patronatslogen, Emporen sowie der prächtige Hochaltar mit dem Bildnis des Herzogspaares. Cum Deo et die.

Damit in Merseburg mühsam Erschaffenes nicht wieder leichtfertig zerstört werde, erließ Christian I. nach dem großen Stadtbrand von 1662, der hier dann auch tatsächlich der letzte sein sollte, eine neue Feuer-Ordnung. Dächer durften nun nicht mehr mit Stroh gedeckt sein, und alle Scheunen mußten vor die Stadtmauern verlegt werden.

Und Christian zeugte mit Christiane nicht nur elf Kinder, sondern ließ im Dom auch die Fürstengruft anlegen. Nur vier der Prinzen und Prinzessinnen, unter ihnen Christian des Älteren direkter Nachfolger Christian II., der Jüngere, überlebten den Vater, nur zwei die Mutter. Fatal für das Herzogshaus Sachsen-Merseburg sollte jedoch werden, was der Sage nach anläßlich der Einweihung der Fürstengruft geschah: Man entdeckte, daß auf dem prunkvollen Gemälde über dem Eingang, die Herzogsfamilie darstellend, ein Prinz vergessen worden war: Heinrich. Mit Heinrich aber, der von 1731–38 in Merseburg regierte und keinen männlichen Erben hinterließ, starb die Nebenlinie Sachsen-Merseburg aus, war die Herzogszeit in Merseburg beendet, wurde das Hochstift wieder Kursachsen einverleibt. Cum Deo et die – *Mit Gott und der Zeit*.

Doch warum nur mußte die Domuhr der Stadtuhr eine Viertelstunde nachgehen?

Johann Gottfried Gregorius

geboren am 13. oder 14.5.1631 in Merseburg, verdingt sich
wahrscheinlich als Reiter bei den Schweden, dann bei den
Polen, 1658 Lehrer der evangelischen Gemeinde in der
deutschen Vorstadt Moskaus, der Sloboda, Hilfsprediger,
1661 Theologiestudium in Jena, Magisterabschluß, 1662
vom sächsischen Oberkonsistorium als Pastor ordiniert, wirkt
wieder in Moskau, 1667 Reise nach Deutschland, um Gelder
für einen Kirchenneubau zu sammeln, schreibt 1672 im
Auftrag des Zaren das erste weltliche Theaterstück Rußlands,
„Die Komödie des Artaxerxes", weitere fünf Komödien
folgen, gründet 1673 die erste russische Theaterschule, stirbt
1675 in Moskau.

Johann Gottfried Gregorius

Wer hätte gedacht, daß es der kleine Johann Gottfried Gregorius einmal weit bringen würde! Zwar stammte er aus wohlhabendem Hause, sein Vater war der Arzt Victrinus Gregorius und die bei seiner Geburt gerade fünfzehnjährige Mutter Anna Maria, immerhin die Tochter des 1618 verschiedenen Merseburger Bürgermeisters Markus Donat, doch lange sollte das Familienglück nicht währen. Der Vater verstarb früh, Merseburg litt unter den Heimsuchungen des Dreißigjährigen Krieges, auch das Gregorius'sche Haus in der Breiten Straße dürfte nicht verschont worden sein, irgendwann heiratete die Mutter nach Mühlhausen, und Johann Gottfried geriet unter die Soldaten, diente den Schweden, ritt für die Polen.

Erst 1662 sollte Johann Gottfried Gregorius oder Gregorii, wie er sich nun nannte, seine Vaterstadt Merseburg wiedersehen. Inzwischen Lehrer und Hilfsprediger in der Moskauer Vorstadt Sloboda, hatte er an der Jenaer Universität binnen eines halben Jahres die Magisterwürde erlangt und war vom sächsischen Oberkonsistorium examiniert und als Pastor ordiniert worden, suchte nun beim Merseburger Herzog Christian I., um ein Interzessionsschreiben nach. Und bezugnehmend auf das herzliche Einvernehmen, welches zwischen den Vorfahren des Zaren und den Kurfürsten und Herzögen von Sachsen geherrscht hatte, wurde ihm eine solche Bürgschaft auch ausgestellt. Christian I. schrieb an den Zaren Alexej Michailowitsch:

Euer Durchlauchtigkeit möge auch ferner die deutsche Nation sich empfohlen sein lassen und möge besonders den Magister Johann Gottfried Gregorii, der in unserer Residenzstadt Merseburg geboren ist, mit besonderer Liebe gegen jedes Unrecht zu schützen geruhen, ihn, der aus Liebe zum göttlichen Wort, in Selbsterniedrigung, frei-

willig sich zu einem Verbannten gemacht hat, der Heimat, Vater-
haus, Verwandtschaft freiwillig verläßt und sein Leben auf unend-
lich weiten Wegen vielen Gefahren aussetzt, nur um der göttlichen
Berufung zu gehorchen und das Versprechen, das er betreffs seiner
Rückkehr gegeben, unverbrüchlich zu halten.

1667 reiste Gregorii noch einmal nach Deutschland, bat in
Dresden, Straßburg, Stuttgart, Frankfurt a.M., Nürnberg, Ulm,
Eßlingen, Gotha und Berlin um Unterstützung für seine durch
einen Kirchenneubau in Not geratene Moskauer Gemeinde. Am
großzügigsten zeigten sich der sächsiche und der brandenbur-
gischpreußische Kurfürst, die je eintausend Reichstaler spendeten.
Merseburg mußte Gregorii bei seinem ersten Besuche so arm
und ausgezehrt vom Kriege erschienen sein, daß er es offenbar
nicht wagte, auch hier wegen finanzieller Hilfe vorzusprechen.

Während dieser Reise zeigte sich Gregorii aber nicht nur als
Oberhaupt einer Gemeinde begabt; einem Stuttgarter Freund
widmete er zum Abschied folgendes Gedicht:

1. *Der tapfre Reuße wird ein Barbar zwar genenne,*
   Und ist kein Barbar doch, wie dieses Buch bekenne;
   Wie mein Herr Wirt auch weiß, und bezeug es frey,
   Daß in dem Barbarland fast nichts barbarisch sey.

2. *Man sieht das Erdreich hier voll reicher Früchte stehen;*
   Wie mancher schöne Fluß giebt manche frembde Fisch?
   Der Wald giebt Meet und Wild zugleich auf unsern Tisch;

3. *Das Holz auch in die Küch'; und vor des Winters Schrekken*
   Kann, was der Bauer fängt, Fuchs, Wolf und Zobel decken
   Den vorhin warmen Leib, der oftmahls wird bedacht
   Mit gutem Brandtewein, den selbst die Liebste macht.

4. *Der Bauer, der ist fromm, läßt Gott und Einfalt walten,*
   Die Einfalt lehrt ihn, schlecht und recht Gebot zu halten,
   Die Einfalt wehrt der Sünd, die Einfalt macht ihn treu,
   Die Einfalt ist zugleich der Glaub und Ketzerey.

5. *Der Bürger ist nicht frech, vergnügt in seinem Handel,*
   Er ehrt Gott und den Tzarn, ist redlich auch im Wandel,
   Doch kommt man ihm zu nah, so glaubt Er eifersvoll,
   Er sey dazu geborn, daß Er sich rächen soll.

6. *Es sey lang oder kurz, Und wie soll ich gnug preisen*
   den unverglichenen Tzar, den GroßHerzog der Reußen?
   Der unser teutsches Volk mehr als die Reußen liebt
   Und ihnen Kirch und Sitz, Sold, Ehr und Schätze giebt.
7. *O höchst geprießner Tzar, Gott wolle Dich belohnen,*
   Wer möchte doch nicht gern in diesem Lande wohnen?
   Da man auch mit mehr Furcht den Höchsten liebt und ehrt,
   Als hier, wo Gottes Wort zum Ekel wird gelehrt.
8. *Ade, ihr teutschen Freund, zu tausend guten Zeiten,*
   Ich preiß Euer Land und Eure Herrlichkeiten,
   Doch kann bei wildem Volk ich noch vergnügter sein,
   Freund Allgayr auch Ade, gedenk am besten mein!

Kein Wunder, daß Gregorii mit solcher Gesinnung und Begabung schließlich zum ersten Theaterdirektor Rußlands wurde. Am 4. Juni 1672, sechs Tage nach der Geburt eines Knaben, der als Zar Peter der Große heißen sollte, befahl dessen Vater, Zar Alexej Michailowitsch, den *Ausländer Magister Johann Gottfrid*, zur Feier dieses Ereignisses eine Komödie auszurichten und dazu in Preobrshensk ein Haus mit der nötigen Ausstattung zu errichten. Schon nach vier Monaten war das Stück geschrieben, übersetzt und eingeübt sowie das Theater gebaut! Die prachtvolle Ausstattung besorgte der Holländer Peter Gabrilow Inglis. Zehn Stunden dauerte die Aufführung Gregoriis *Komödie des Artaxerxes*! Und vierundsechzig Schauspieler wurden dafür benötigt! Doch der Aufwand hatte gelohnt. Das ihm vom Autor überreichte Textbuch ließ der Zar in Saffian mit Gold einbinden, und Gregorii wurde mit vierzig kostbaren Zobelfellen belohnt.

Um Gregoriis Theater, das offenbar so recht dem neuen russischen Zeitgeist, der allmählichen Öffnung für westliche Einflüsse entsprach, stets in seiner Nähe zu haben, ließ es der Zar in die oberen Räume der Kremlapotheke verlegen. Und die nächste Aufführung ließ nicht lange auf sich warten. Nicht minder erfolgreich hatte Gregorii die Komödie *Judith* geschrieben und inszeniert. Bald folgten die Stücke *Der junge Tobias, Joseph, Bajazet und Tamerlan* sowie *Adam und Eva*. Und schließlich stand der deutsche Magister Gregorii sogar noch der ersten Theaterschule des Zarenreiches vor, bildete sechsundzwanzig, ausschließlich russische Eleven aus.

Somit war der gebürtige Merseburger Johann Gottfried Gregorius am Ende in Moskau gleichzeitig Pastor und Leiter der deutschen evangelischen Schule, Dramatiker, Theaterdirektor und Direktor einer Schauspielschule. Lange konnte sich Gregorii seines Erfolges jedoch nicht erfreuen. Er verstarb im vierundvierzigsten Lebensjahr. Und ein Jahr später verbot der neue Zar Fjedor Alexejewitsch das weltliche Theaterspiel in seinem Reich. Erst Peter der Große sollte Rußland konsequenter an Europa heranzuführen versuchen.

Schelmuffskys
Warhafftige
Curiöse und sehr gefährliche
Reisebeschreibung
Zu
Wasser und Lande
I. Theil/
Und zwar
die allervollkomenste und accurateste
EDITION,
in Hochteutscher Frau Mutter Sprache
eigenhändig und sehr artig an den
Tag gegeben
von
E. S.
Gedruckt zu Schelmerode/
Im Jahr 1696.

Titelblatt Chr. Reuters „Schelmuffsky"
von 1696

geboren als Sohn des Bauern Stephan Reuter in Kütten bei
Halle, wo er am 9.10.1665 getauft wird, besucht die
Leipziger Thomasschule, dann das Merseburger
Domgymnasium, studiert ab 1688 in Leipzig Jura, wird
wegen seiner satirischen Veröffentlichungen 1696 vorläufig
und 1699 endgültig von der Universität relegiert, findet 1700
in Dresden Anstellung als Sekretär und von 1703–1710 in
Berlin als Textdichter für die Festspiele bei Hofe, stirbt
wahrscheinlich nach 1712; schrieb: „Die ehrliche Frau zu
Plissine" (1695), „Der ehrlichen Frau Schlampampe
Krankheit und Tod" (1696), „Schelmuffskys wahrhaftige
curiöse und sehr gefährliche Reisebeschreibung" (1696/97),
„Graf Ehrenfried" (1700) u.a.

Christian Reuter

Ey sapperment! die Jahre in Merseburg waren kein Zucker-schlecken. Aber noch einen Rausschmiß Faulenzens und Zechens wegen, wie aus der Leipziger Thomasschule, konnte sich Christian Reuter beim besten Willen nicht leisten. Da hatte sich die Familie Reuter, ehrbare Bauern seit alters her, seine Ausbildung schon zu viel kosten lassen, *der Tebel hohl mer.* Doch schien ihm seine außergewöhnliche Intelligenz, nunmehr gepaart mit Lerneifer, in Merseburg mehr noch als das Abitur eingetragen zu haben. Der damalige Rektor des Domgymnasiums urteilte: *Eine recht freigiebige Natur bewilligte diesem Jüngling Reuter Witz und Scherz, die er dennoch so in Maßen hielt, daß sie von der Regel der Wohlanständigkeit nicht abwichen; hierdurch gewann er sich nicht alltägliche Gunst großer Männer.* Durchaus denkbar, daß Christian Reuter bei den zu Ostern üblichen Theateraufführungen der Domschüler, vielleicht sogar schon als Autor, hervortrat.

Und, *der Tebel hohl mer*, mit Witz und Scherz war der mittler-weile dreiundzwanzigjährige Jüngling Reuter wohl sogar bei seiner Reifeprüfung gut beraten. Immerhin weist eine Rechnung jener Jahre aus, daß die Examinatoren, die Herren Lehrer also, der Schulkasse 3 Florin, 9 Groschen für 8 Kannen Rheinwein und 43 Kannen Torgisch Bier in Rechnung stellten, Prüfungsspesen, *ey sap-perment.*

Christian Reuter konnte endlich, und offenbar auch dank der Gunst jener großen Männer, die dem Bauernsohn sogar ein Stipen-dium verschaffte, studieren. Nach Leipzig zog es ihn wieder, *denn da kan der Tebel hohl mer einer leicht Doctor werden / wenn er nur Speck in der Tasche hat...*

Dem studiosus juris Reuter sollte jedoch seine Zimmerwirtin Anna Rosine Müller, die *ehrliche Frau Schlampampe, die ehrliche*

Frau zu Plissine, in die Quere kommen. Als er wegen Mietschulden auf die Straße gesetzt wurde, verfaßte er ein Pasqill, eine Schmähschrift, durchaus nicht unüblich in jener Zeit. Frau Müller glaubte sich jedoch, und natürlich völlig zu Recht, in der ehrlichen Frau Schlampampe zu erkennen und als solche wiederum, *ey sapperment,* von der ganzen Stadt verlacht. Sie zeigte Christian Reuter an und erreichte das Verbot der Komödie *Die ehrliche Frau zu Plissine* sowie, *der tebel hohl mer,* die Inhaftierung und anschließende Relegation des Autors.

Anfangs wurde Christian Reuter nur für zwei Jahre von der Universität verwiesen, doch hatte er, *ey sapperment,* offenkundig Gefallen am Schreiben gefunden, vervollkommnete Handlung und Figurenensemble seines Pasquills, verfaßte nunmehr die Komödie *Der ehrlichen Frau Schlampampe Krankheit und Tod.* Das brachte Frau Müller selbstredend vollends in Rage: Sie wandte sich sogar an August den Starken in Dresden, woraufhin ihr einstiger Mieter Reuter erneut in den Karzer mußte. Und nach den Leipziger Studentenunruhen des Herbstes 1697, eine Reaktion auf den scheinheiligen Übertritt des sächsischen Kurfürsten zum Katholizismus, alles nur der polnischen Krone wegen, *der tebel hohl mer!* wurde Christian Reuter für sechs Jahre relegiert, durfte sich in Leipzig fürderhin auch nicht mehr aufhalten.

Doch zum Glück hatte er ja in Merseburg Gönner und kam hier wohl für einige Zeit unter. Am Merseburger Hofe könnte er den Herzog von Sachsen-Zeitz kennengelernt haben. Dieser wiederum empfahl ihn dem sächsischen Statthalter, dem Fürsten von Fürstenberg-Heiligenberg. Beide Bekanntschaften konnten jedoch nicht verhindern, daß Christian Reuter, als er verbotenerweise nach Leipzig zurückkehrte, denunziert und letztlich zeit lebens von der Universität verwiesen wurde. Das verschloß ihm auch andere Hochschulen, kein Examen. Proteste bewirkten nur noch, daß er fortan bei Besuchen in Leipzig geduldet wurde. Eine Karriere im Staatsdienst aber, *der tebel hohl mer,* war endgültig passé.

In Dresden fand Christian Reuter beim Kammerherrn Rudolf Gottlob von Seyfferditz Anstellung als Sekretär. Auch hier scheint es jedoch alsbald Schwierigkeiten gegeben zu haben, wahrscheinlich nach Erscheinen seiner Komödie *Graf Ehren-fried.* Christian Reuter ging nach Berlin und wurstelte sich offen-bar bis ans Lebensende als Gelegenheitsdichter am preußischen Hofe durch, Huldigungscarmina, Freuden- und Trauergedichte, Singspiele und Schäferpoesien, *ey sapperment.*

Nur einmal noch wurde Christian Reuters Genius halbwegs gefordert, möglicherweise auf eine Anregung oder sogar einen Auftrag aus Merseburg hin. Im Jahre 1708 schrieb er eine Mat-thäuspassion, die der Merseburger Hofkapellmeister Johann Theodor Theile vertonte.

Christian Reuters Spuren verlieren sich ab 1712, wohl niemand weiß wann, wo und wie er starb. Ob er zuguterletzt, *der tebel hohl mer,* vielleicht auf eine ähnliche Reise ging wie sein größter Held, der Schelmuffsky, Urahn des Münchhausen? *Teutschland ist mein Vaterland / in Schelmerode bin ich gebohren...*

Herzog Moritz Wilhelm, Vignette

geboren am 5.2.1688 in Merseburg, wird 1694 dritter
Herzog von Sachsen-Merseburg, steht jedoch bis 1712 unter
Vormundschaft Augusts des Starken, heiratet 1711 Henriette
Charlotte von Nassau-Idstedt, fördert die Künste,
insbesondere die Musik, spielt auch selbst ein Instrument, die
Gambe, läßt im Herzogtum Sachsen-Merseburg die
Landstraßen ausbauen, während seiner Regierungszeit
entsteht auch der Merseburger Schloßgartensalon, stirbt am
21.4.1731 in Merseburg und wird in der Fürstengruft des
Merseburger Domes beigesetzt.

Moritz Wilhelm

Kann sein, Moritz Wilhelm, der Geigenherzog, strebte schon von klein an nach Großem. Mit sechs Jahren Herr eines Landes, durfte er jedoch längst nicht regieren, stand unter Kuratel des Kurfürsten August des Starken sowie seines Oheims August zu Sachsen in Zörbig. Die eigentliche Regentin des Herzogtums Sachsen-Merseburg war in der Kindheit und Jugend des Geigenherzogs aber offenkundig die Mutter Moritz Wilhelms, war die Herzogin Erdmuthe Dorothea. Da blieb dem kleinen Herrn wohl bestenfalls zu bestimmen, ob er lieber Gambe oder Bratsche spielen lernen wollte.

Und zu seinem achtzehnten Geburtstag wurde Moritz Wilhelm längst nicht aus der Vormundschaft entlassen, nein, selbst mit einundzwanzig galt er noch als unmündig. Zwar gab es Pläne, Bittsteller zum Kurfürsten August zu entsenden, der offenbar auch in Merseburg starker Mann bleiben wollte, doch konnte man sich am Merseburger Hofe nicht einigen, wer nach Dresden oder womöglich gar nach Warschau fahren sollte und wieviel Taler eine solche Reise kosten dürfe. Sollte darüber etwa Moritz Wilhelm entscheiden? Wie denn!

Mit dreiundzwanzig schien Moritz Wilhelm dann aber des ewigen Gambeübens überdrüssig. Auch die kleinen Konzerte mit seiner Hofkapelle vermochten ihn wohl nicht mehr so recht zu befriedigen. Kurzentschlossen heiratete er Henriette Charlotte von Nassau-Idstedt und trat mit seiner achtzehnjährigen Gemahlin umgehend eine Hochzeitsreise an, die aber eher einer Flucht aus seinem Herzogtum gleichkam. Erst im Jahr darauf, erst als August der Starke den wirklichen Regierungsantritt Moritz Wilhelms nicht länger verhinderte, kehrte er nach Merseburg zurück. Nun aber setzten langwierige Verhandlungen mit den Merseburger Domherren ein, die seit alters her den Administrator über das Hochstift zu bestätigen hatten...

Wahrlich, Moritz Wilhelm hatte allen Grund, Größe zu beweisen. Und wie gelänge das besser, als daß man sich eine Baßgeigensammlung zulegte? Baßgeige, größtes aller Streichinstrumente! Ja, wie erreichte doch das herzögliche Gambenspiel durch die Begleitung zahlreicher Bässe völlig neue Dimensionen! Alsbald nannte der Geigenherzog siebzig Kontrabässe sein eigen. Barock.

Selbst solch eine Sammlung mußte aber noch nicht der Gipfel des Erreichbaren sein. Warum sollte das größte Streichinstrument nicht noch größer ausgeführt werden können? Natürlich, eine Riesenbaßgeige mußte her!

Während einer Reise durch die herzöglichen Erblande an Oder und Spree entdeckte Moritz Wilhelm in Guben tatsächlich ein derartiges Instrument, acht Gubensche Ellen groß! Vorgeblich die größte Baßgeige des heiligen römischen Reiches deutscher Nation. Die Verhandlungen mit den Gubener Ratsherren erwiesen sich jedoch als sehr zäh. Mal gab es diesen, mal jenen Einwand gegen die Veräußerung. So ließ denn der Baron der Domäne Lübbenau, wohl um dem Geigenherzog zu Gefallen zu sein, in Markneukirchen eine fünfzehn Ellen große Riesenbaßgeige eigens anfertigen. Und im Jahre 1721 war es dann so weit, das vom Stachel bis zur Wirbelschnecke gut viereinhalb Meter messende Instrument traf in Merseburg ein. Was für eine Sensation! Den Domherren und den Stiftsbeamten, überhaupt allen etwaigen Zweiflern an der Größe Moritz Wilhelms, dürften die Ohren geklungen haben.

Gespielt werden konnte dieses riesige Instrument aber nur vom Sohn des Erbauers. Kein Problem an und für sich, selbstverständlich stellte der Geigenherzog den jungen Mann bei Hofe ein. Allerdings wurde der Riesenbaßgeigenspezialist in Kursachsen wegen Fahnenflucht gesucht, und nachdem man ihn dann tatsächlich aufgespürt und verhaftet hatte, schien es jäh vorbei mit der Merseburger Riesenbaßgeigenherrlichkeit. Nun aber setzte sich Moritz Wilhelm konsequent gegen August den Starken durch, er verhinderte die Auslieferung seines Wunderbassisten, erreichte letztlich sogar dessen Begnadigung. Und im Jahr darauf gaben schließlich sogar die Gubener ihre Riesenbaßgeige samt zugehöriger Spieltreppe und Bassisten frei. Was für Konzerte müssen danach in Merseburg zu Gehör gebracht worden sein!

Ohne Zweifel beförderte die Leidenschaft des Geigenherzogs jedoch das musische Klima in Merseburg. In seiner Regierungszeit wurde die Domorgel beträchtlich erweitert und Johann Friedrich Kauffmann Domorganist. Johann Christian Friedrich Förster, den immerhin Johann Sebastian Bach so sehr schätzte, daß er eine Förster'sche Ouvertüre eigenhändig kopierte, ernannte Moritz Wilhelm zum Hofmusicus und -komponisten. Johann Joachim Quantz erhielt seine Ausbildung in Merseburg. Johann Gottlieb Graun, den Lehrer Wilhelm Friedemann Bachs, berief Moritz Wilhelm zum Hofkapellmeister, Johann Michel Hoppenhaupt zum Hofbaumeister. Und auch für die Entwicklung des Theaters scheint Moritz Wilhelm einiges getan zu haben. Er ließ durch seinen Hofbaumeister Hoppenhaupt die Spielstätte Schloßgartensalon errichten, in der dann möglicherweise sogar die Neuberin gastierte. Unter dem Geigenherzog erlebte Merseburg eine kulturelle Blüte.

Dabei hatte Moritz Wilhelm stets sparsam gewirtschaftet. Nach seinem Tode fand man die herzöglichen Kassen, die Getreidespeicher sowie die Weinkeller wohlgefüllt. Nachkommen hinterließ der Geigenherzog jedoch nicht.

Orffyreus

geboren 1680 in der Oberlausitz, besucht das Gymnasium in
Zittau, Wanderschaft, Arbeit in zahlreichen Berufen, heiratet
1712 die Tochter des Annaberger Bürgermeisters Schumann,
präsentiert dank der Mitgift noch im selben Jahr in Gera sein
erstes Perpetuum mobile, ein verbessertes im Jahre 1715 in
Merseburg, das sogenannte Merseburger Rad, einen der
größten Schwindel in der Geschichte der Technik, 1716
Kommerzienrat am Hofe des Landgrafen von Hessen-Kassel,
weiteres Perpetuum mobile, das Kasseler Rad, Angebot des
Zaren Peter I.,1727 Aufdeckung Besslers betrügerischer
Manipulationen, stirbt am 30.11.1745 in Fürstenberg.

ORFFYREUS (Johann Ernst Elias Bessler)

Aus dem Herzogtum Weißenfels, von Obergreißlau her, kam Orffyreus nach Merseburg. Wie zuvor in Draschwitz, im Herzogtum Zeitz, war das Interesse an einem Perpetuum mobile an kleinhöfische Grenzen gestoßen. In Sachsen-Merseburg aber hoffte er auf die Unterstützung des weithin für sein Streben nach Höherem bekannten Herzogs Moritz Wilhelm. Wo schon spielte der Landesfürst selbst die Gambe! Und tatsächlich mußte Orffyreus nicht lange auf eine Audienz warten.

Zur rechten Zeit wußte Orffyreus eine gesiegelte Empfehlung des Präsidenten der Brandenburgischen Societät der Wissenschaften zu Berlin, Gottfried Wilhelm Leibniz, aus der Tasche zu ziehen: *Es scheint, daß des Hn. Orphiraei machina nicht zu verachten, sondern etwas sonderliches in sich habe und vielleicht einen ansehnlichen Nutzen ergeben möchte. Sollte sich nun bei einer zulänglichen Untersuchung finden, daß das Werk nützlich im grossen zu thun und zum Exempel die Wasser bey Bergwercken damit aus den Gruben zu haben, so getraute man sich dem inventori dafür eine ansehnliche Summa geldes zu schaffen.*

Sichtlich beeindruckt bat der Herzog Orffyreus zu einem Spaziergang in den Schloßgarten, winkte nur seinem Hofnarren, dem Gänse-Toffel, ihnen zu folgen. Nun seien im Merseburger Land zwar keine Bergwerke zu betreiben, sinnierte Moritz Wilhelm, doch ein unerschöpflicher Antrieb für den Blasebalg der erst kürzlich erweiterten Domorgel oder vielleicht sogar für eine neu zu schaffende, sein Herzogtum weit über die Landesgrenzen hinaus berühmt machende Fontäne hier im herzöglichen Park, wäre ohne Zweifel etwas Wunderbares. Der Gänse-Toffel zupfte Orffyreus am Gewand und fragte, woher denn der Herr Technicus stamme? Sein wohlklingender Name lasse eine lange Ahnenreihe vermuten!

Geschmeichelt bückte sich Orffyreus nach einem Zweig und kratzte eine Buchstabenkombination in den Parkweg:

A B C D E F G H I J K L M
N O P Q R S T U V W X Y Z.

Daher sein Name. Man bräuchte nur die entsprechenden Buchstaben zu vertauschen und lateinisch zu verfeinern. Der Herzog schmunzelte und meinte, von einem großen Wissenschaftler könne eben sogar ein Hofnarr noch lernen. Er sei so frei, gurrte der Gänse-Toffel und vollführte Kratzfüße gegen Orffyreus, den er mit jeder Verbeugung gesteigert titulierte: Herr Bessler, Mein Bester, Mein Verfeinerer, Feiner Vertauscher, Großer Herr Täuscher... Ungeachtet dessen schien Moritz Wilhelm seine Residenz vom Perpetuum mobile Orffyraneum schon weit über benachbarte Fürstenhöfe erhoben zu sehen und beauftragte Orffyreus zu Lasten der herzöglichen Kasse ein gebührend großes Rad zu bauen, das aber durch eine von ihm, dem Herzog von Sachsen-Merseburg, zu berufende Kommission streng begutachtet werden würde.

Und am 31. Oktober des Jahres 1715 war es dann soweit: Orffyreus präsentierte im Grünen Hof nahe St. Sixti sein Merseburger Rad. Viel Volks drängte sich in den umliegenden Gassen, Fürwitzige versuchten vom Sixtiberg herunter Einsicht zu gewinnen. Nur wenigen gelang es aber, mit den Mitgliedern der herzöglichen Kommission in den Hof zu schlüpfen. Durchweg gelahrte Herren hatte Moritz Wilhelm als Gutachter bestellt, so den Superintendenten, den Hofprediger, den Rektor des Domgymnasiums und vornweg den berühmten Halleschen Philosophen und Mathematiker Christian Wolff. Nicht berufen war selbstverständlich der Hofnarr. Und endlich fuhr die Kalesche des Herzogs vor. Jubel. Die Hofkapelle intonierte ein burleskes Stück. Orffyreus geleitete Moritz Wilhelm zum Merseburger Rad und pries dabei laut dessen Einmaligkeit: *Alles dasjenige, was bishero durch Wasser, Wind, Gewichte und animalische Kräfte vermittels gewisser Maschinen, sie heissen Wasser-, Wind-, Roß- oder Handmühlen; Kran-Räder, Haspel, Bock, Stangen-Züge, oder wie sie wollen verrichtete wird; auch durch diese mein Perpetuum Mobile verrichtet werden könne, und zwar offt mit grössern Vortheil!*

Erneuter Jubel. Und auf ein Zeichen des Herzogs hin, setzte Orffyreus das sechs Ellen große und ein Schuh dicke Merseburger Rad in Bewegung.

Erregt beäugten die Kommissionsmitglieder den knarrenden, quietschenden Mechanismus, bückten sich, reckten sich, flüsterten miteinander. Verwehrt war ihnen einzig, hinter die lackierte, grün gesprenkelte Verkleidung des Rades zu blicken. Doch welch ein Wunder, bei fünfzig Umdrehungen pro Minute hob das Perpetuum mobile einen siebzig Pfund schweren, mit Ziegelsteinen gefüllten Kasten acht Ellen hoch! Sowas hatte die Welt noch nicht gesehn, gewiß nicht! Applaus.

Wen sollte es da verwundern, daß die herzögliche Kommission am 21. Dezember ein ausgefeilt positives Gutachten vorlegte, und Christian Wolff in der wissenschaftlichen Zeitschrift *acta euditorum* schrieb: *Unterdessen bleibet doch das Rad des Herrn Orffrei etwas Wunderbares, und wenn es auch im menschlichen Leben nicht zu nutzen wäre, so wünschen doch alle Liebhaber der Wissenschaft, daß grosse Herren ihn mit einer ansehnlichen Belohnung erfreuen mögen, damit er die innere Beschafenheit desselben der gelehrten Welt entdecke. Denn es ist kein Zweifel, daß die Weltweisen dadurch ein neue Licht bekommen werden zur Erkäntnis anderer verborgener Dinge.*

Orffyreus allerdings verstand seine Erfindung vom ersten Tag an zu nutzen. Schließlich wollten auch die Merseburger und all das Landvolk der umliegenden Dörfer bestaunen, was der Herzog und seine Kommission bestaunt hatten. Wer weiß, wann in Merseburg wieder ein Weltwunder zu sehen wäre, wenn überhaupt! So zahlte jedermann bereitwillig Eintritt.

Das nun aber mißfiel dem Merseburger Magistrat. Vor zwei Jahren hatte Preußen den Einfuhrzoll auf das berühmte Merseburger Bier erhöht, wodurch sich insbesondere die Hallesche Studentenschaft inländischen Getränken zuwandte. Das Merseburger Brauereiwesen schien in eine Krise zu schlittern, der Stadt fehlten Steuereinnahmen. Zudem hatten sich Stadt und Stift noch nicht von den immensen Kontributionen erholt, die nach dem Altranstädter Friedensschluß an den Schwedenkönig

Karl XII. zu zahlen waren und zu allem Überdruß gab es nur Mißernten seit jenen Jahren des Nordischen Krieges. Und da sollte sich in Merseburg nun jemand, mir nichts dir nichts, seine Taschen füllen können? Nein, Orffyreus wurde zum Magistrat einbestellt und mit sechs Pfennigen pro Tag besteuert.

Beleidigung, Frechheit, Kleingeisterei, tobte Orffyreus und warf Bürgermeister Salomon vor, Wissenschaft und Kunst mit billiger Schaustellerei zu verwechseln. Er, Offyreus, mache die fast vergessene Provinzstadt wieder bekannt und solle dafür noch bezahlen? Unglaublich! Undank sei aller Welten Lohn, aber offenbar besonders hier, in Merseburg.

Bürgermeister Salomon zeigte wenig Verständnis für solche Argumentation, natürlich, allein der Ruhm einer Stadt sicherte längst keine Wiederwahl, und auch der Herzog schien Steuern prinzipiell nicht in Frage stellen zu wollen. Moritz Wilhelm drängte Orffyreus aber eine Nutzungsvariante zu entwickeln, denn wenn das Perpetuum mobile erst rund um die Uhr herzögliche Apparaturen betriebe, wäre dieses Steuerproblem für ihn eh aus der Welt.

Eine Zwickmühle, zweifellos. Doch dem Spieler kam der Zufall zu Hilfe, unter den Schaulustigen, die nach wie vor das Merseburger Rad sehen wollten, mußte auch ein Gesandter des Kasseler Landgrafen gewesen sein. Eines Tages brachte ein Bote Orffyreus eine Einladung an den Hof dieses gerühmten Mäzens in den Grünen Hof. Sofort brach Orffyreus seine Vorführungen und dann auch das Merseburger Rad ab. Dem Gänse-Toffel, der wohl ausgeschickt war, zu ergründen, was da vor sich gehe, rief er schadenfroh zu: „Was läuft schon von selbst? Nichts läuft von selbst! Man muß nur erkennen, wie alles läuft. Dann kann so manches tatsächlich wie von selbst laufen."

Am Ende blieb es jedoch keinem Narren, sondern einer Magd vorbehalten, die Karriere des Orffyreus zu stoppen. Unzufrieden mit der Entlohnung bekannte sie, jene geheimnisvolle Kraft gewesen zu sein, die das Perpetuum mobile Orffyraneum trieb.

Erste Gebäude der Bergakademie Freiberg

geboren am 11.8.1678 in Merseburg, besucht das
Merseburger Domgymnasium, studiert in Jena Medizin,
promoviert 1711 in Halle, läßt sich 1712 in Freiberg als Arzt
nieder, widmet sich neben seiner Praxis bald
mineralogischen und chemischen Untersuchungen, richtet
sich ein erstes Laboratorium ein und beginnt zu lehren, wird
1718 Landphysicus der Ämter Freiberg, Nossen und
Frauenstein, 1721 Freiberger Stadt- und 1723 Bergphysicus,
1726 Mitglied der Preußischen Akademie der
Wissenschaften und 1732 Bergrat, erbaut 1733 in Freiberg
ein größeres Labor, unterrichtet Schüler aus ganz Europa, so
u.a. Lomonossow, publiziert „Die Verwandtschaft der
Pflanzen mit dem Mineralreich", „Kieß-Historie" u.a., stirbt
am 26.1.1744 in Freiberg.

Johann Friedrich Henckel

Sein Vater war Merseburger Stadtphysicus, sein Großvater mütterlicherseits Rektor des Merseburger Domgymnasiums – eine wissenschaftliche Laufbahn schien Johann Friedrich Henckel also vorgezeichnet. Bevor er sich aber der Medizin und schließlich der Mineralogie und Chemie zuwandte, versuchte er sich in der Theologie. Glücklicherweise taugte seine Stimme jedoch nicht zum Predigen.

Als wolle er diese Erfahrung verarbeiten, promovierte der Mediziner Henckel über Stärkungsmittel. Durch Heirat schließlich in Freiberg angekommen, schien ihn die Arztpraxis bei weitem nicht auszufüllen. Er legte eine umfängliche Bibliothek an, beschäftigte sich mit der Freiberger Stadtgeschichte, schrieb sogar eine Abhandlung über das *Cymbal d'Amour*, die neueste Erfindung seines Freundes, des großen Orgelbauers Gottfried Silbermann.

Schon während seines Medizinstudiums war Johann Friedrich Henckel, insbesondere durch seinen Lehrer Wedel, in die Chemie eingeführt wurden. Nun richtete er sich in seiner Freiberger Wohnung ein kleines Laboratorium ein und begann zu forschen. Und alsbald nahm er auch erste Schüler an, setzte damit von Persönlichkeiten wie Agricola oder Rülein begründete Lehrtraditionen in der durch Bergbau und Hüttenwesen geprägten Stadt Freiberg fort.

Johann Friedrich Henckel avanciert vom Land-, zum Stadt- und endlich zum Bergphysicus. Damit war er seinem Forschungsgebiet, dem Montanwesen, auch beruflich verbunden. Er fuhr in die Bergwerke ein, studierte vor Ort Gesteine und legte eine umfängliche und vielbeachtete Mineralsammlung an. 1725 gelang es ihm als ersten Forscher metallisches Zink aus Galmei darzustellen. Dem Freiberger Rat schlug er Verbesserungen des wichtigsten Getränkes der Bergleute, des Bieres, vor. Er untersuchte die Berufskrankheiten der Bergleute und Hüttenarbeiter, die Lungentuberkulose und Hüttenkrätze. Und er publizierte.

1726 wurde Johann Friedrich Henckel zum Mitglied der Preußischen Akademie der Wissenschaften und 1728 zum Mitglied der Akademie der Naturforscher, der Carolina, ernannt. Hier erhielt er den Namen Archegatus, der Gütige, da er an ihn gerichtete schriftliche Anfragen, entgegen der sonstigen Gepflogenheiten jener Zeit, stets unentgeltlich zu beantworten pflegte.

Nach dem Tod seiner ersten Frau heiratete Johann Friedrich Henckel eine zweiundzwanzigjährige Freiburgerin, verzog zwischenzeitlich nach Dresden, erforschte das Bernsteinvorkommen von Schmiedeberg-Pretzsch, wurde 1732 auf Erlaß August des Starken zum Bergrat ernannt und erhielt 1733 vom Freiberger Stadtrat Mittel zum Bau eines größeren Laboratoriums. Dieses nun sollte ein direkter Vorläufer der 1765 gegründeten Bergakademie Freiberg werden, als dessen Vater Johann Friedrich Henckel zuweilen bezeichnet wurde. Bis zu seinem Tode im Jahre 1744 unterrichtete er nicht nur Schüler aus deutschen Landen, sondern auch angehende Wissenschaftler aus England, Frankreich, Skandinavien, Italien, Rußland und Ungarn. Sein wohl berümtester Schüler war der spätere Gründer der Moskauer Universität Michail Wassiljewitsch Lomonossow.

Für wissenschaftlichen Streit zwischen dem Theoretiker Lomonossow und dem Empiriker Henckel sorgte, daß der Freiberger Bergrat die Aufstellung theoretischer Grundsätze mitunter geringschätzte und vernachlässigte. Doch zweifellos erwuchs die Einmaligkeit und Stärke seines Unterrichts gerade aus der engen Beziehung zur Praxis. Das hatte Johann Friedrich Henckel damals jeder Universität voraus. Und nicht von ungefähr wohl urteilte der ihn verehrende Freiberger Superintendent Grundig: *Sein Haus war eine wirkliche Bergakademie.*

Johann Joachim Quantz

geboren am 30.1.1697 in Oberscheden bei Göttingen, tritt
1707 als Lehrling in die Merseburger Stadtkapelle ein,
beendet 1715 die Stadtpfeiferausbildung und geht zuerst an den
Hof nach Bernburg, dann nach Dresden und Warschau,
unternimmt ausgedehnte Reisen, übersiedelt 1741 nach
Berlin an den Hof Friedrich II., wird Königlich Preußischer
Kammerkomponist und Flötenist, schreibt diverse
Flötenkonzerte sowie die noch aktuelle Flötenschule
„Versuch einer Anweisung, die Flöte traversière zu spielen"
(1752), stirbt am 12.7.1773 in Potsdam.

Johann Joachim Quantz

Nach dem frühen Tod seines Vaters vor die Wahl gestellt, ob er zu seiner mit einem Pfarrer verheirateten Tante in die Pfalz, zu einem in Merseburg als Schneider lebenden Onkel oder lieber zu seinem Onkel Justus, der in Merseburg den Stadtpfeifern vorstand, gehen wollte, entschied sich der zehnjährige Johann Joachim Quantz für die Stadtpfeiferlehre.

Schon als Achtjähriger soll er mit einem älteren Bruder auf die Dörfer um seinen Geburtsort Oberscheden gezogen sein und musiziert haben. Sein Bruder spielte Fiedel, Johann Joachim wohl Kontrabaß. Vergebens versuchte der Vater Andreas, seines Zeichens Hufschmied, den kleinen Johann Joachim zum Erlernen des Schmiedehandwerks anzuhalten. Die Musik, nichts als die Musik vermochte ihn zu begeistern. Keine Frage also, daß er sich zielbewußt für die Stadtpfeiferei entschied.

Doch fast wäre seine musikalische Ausbildung, kaum daß sie begonnen hatte, jäh wieder gestoppt worden. Drei Monate erst beschäftigte sich Johann Joachim Quantz mit dem Flötenspiel, da starb auch sein Onkel Justus, der Merseburger Stadt- und Kunstpfeifermeister. Glücklicherweise heiratete dessen Nachfolger, Johann Adolph Fleischhack, aber eine Tochter des Verschiedenen und fühlte sich so offenbar dem kleinen Johann Joachim verpflichtet. Der hochbegabte Junge konnte seine Ausbildung fortsetzen und wohnte wohl sogar bei seinem neuen Lehrer in dessen Haus Breite Straße 3.

Als Merseburger Stadtpfeifer mußte man sich treu, ehrlich und unverdrossen erweisen, die Musik sowohl beim Gottesdienste als auch bei Hochzeiten, öffentlichen Ehrengelacken und Zusammenkünften treulich besorgen und hatte sich zu verpflichten die Leute dabei nicht zu übervorteilen... Des öfteren wurden die Stadtpfeifer auch zur Verstärkung der herzöglichen Hofkapelle herangezogen.

Nach gut fünf Jahren beendete Johann Joachim Quantz seine Lehrzeit und wurde losgesprochen, blieb aber, nunmehr als Stadtpfeifergeselle, noch für einige Zeit in Merseburg. Möglicherweise aus Dankbarkeit seinem Lehrmeister gegenüber, vielleicht auch des sicheren Verdienstes wegen.

Doch im Jahre 1714 nutzte Johann Joachim Quantz eine dreimonatige, nach dem Tode eines Bruders Herzog Moritz Wilhelms angeordnete Hoftrauer, während der es in Merseburg sicher nichts zu musizieren gab, um seinen musikalischen Erfahrungsschatz zu erweitern. Es zog ihn nach Dresden. Eine Anstellung fand er jedoch nur in Radebeul, das bald darauf zu allem Überdruß fast vollständig abbrannte. Anschließend beschäftigte ihn der Pirnaer Stadtmusikus Schalle nur so lange, wie sein Geselle krank war. Johann Joachim Quantz kehrte also noch einmal nach Merseburg zurück.

Endgültig verließ er die Stadt, in der seine musikalische Karriere begonnen hatte, im Jahr darauf. Er folgte einem Angebot an den Bernburger Hof und ging schließlich als Geselle des Stadtpfeifers Heine wieder nach Dresden, schlug dabei auch eine Offerte des Merseburger Herzogs Moritz Wilhelm aus, der ihn nun als Hoftrompeter zu gewinnen versuchte. Johann Joachim Quantz wollte *lieber als Stadtmusikantengeselle in Dresden sein Brot mühsam verdienen und dabei Gelegenheit haben, gute Musik und Musiker zu hören, als in der Kapelle eines kleinen Hofes unter den Schlechten der Beste zu sein.*

Getreu dieser Maxime gelangte er nach ausgedehnten Reisen nach Rom, Neapel und Mailand, Warschau, Paris und London zuguterletzt an den Hof Friedrich des Großen, wo er *die Verpflichtung hatte den König bei seinen Flötenstunden zu unterstützen, bei den musikalischen Abendunterhaltungen mitzuwirken und für Flötenkompositionen zu sorgen.* Somit dürfte auch einiges von dem, was Johann Joachim Quantz in Merseburg gelernt hatte, der Bildung und dem Flötenspiel des großen Preußen zugute gekommen sein.

Wilhelm Friedemann Bach

geboren am 22.11.1710 in Weimar als Sohn Johann
Sebastian Bachs, wird 1726 Schüler des Merseburger
Hofkapellmeisters Johann Gottlieb Graun, 1733 Hoforganist
in Dresden, 1747 Musikdirektor und Organist in Halle,
später auch als Hallischer Bach bezeichnet, seinerzeit
berühmt als Improvisator vor allem auf Orgel und Cembalo,
schreibt Sonaten und Konzerte für Klavier, Kammermusik,
Sinfonien, Orgelstücke und Kirchenmusik, wird 1764 nach
Unstimmigkeiten mit seinen Hallischen Auftraggebern
freischaffend, wirkt nun in Leipzig, Braunschweig, Göttingen
und Berlin, stirbt dort verarmt am 1.7.1784.

Wilhelm Friedemann Bach

Der hochgeachtete Leipziger Thomaskantor Johann Sebastian Bach muß das Merseburger Musikleben sehr geschätzt haben. Immerhin schickte er seinen Sohn Wilhelm Friedemann, der nicht wenigen als begabtester der Bachsöhne galt, zur Vervollkommnung dessen musikalischen Ausbildung in die nahe Saalestadt.

1726 war der aus Wahrenbrück stammende Johann Gottlieb Graun aus Italien zurückgekehrt, wo er bei Tartini studiert hatte. Johann Gottlieb Graun stand im Rufe eines *trefflichen Violinvirtuosen, Orchesteranführers, Lehrers und Komponisten* und wurde vom musikbesessenen Merseburger Herzog Moritz Wilhelm zum Hofkapellmeister ernannt. Und Johann Sebastian Bach nun vertraute ihm seinen sechzehnjährigen Sohn Wilhelm Friedemann an.

Tatsächlich scheint Wilhelm Friedemann Bach von den Kenntnissen und Fertigkeiten seines Merseburger Lehrers profitiert zu haben, wurde er doch bereits als Dreiundzwanzigjähriger Hoforganist in Dresden. Und bald schätzte man ihn allgemein als besten Orgelspieler nach seinem Vater. Inspiriert haben dürften Wilhelm Friedemann Bach wohl auch die Klangmöglichkeiten der Merseburger Domorgel, die, 1713 von Zacharias Theißner fertiggestellt, schon damals zu den größten Orgelwerken Deutschlands zählte. Oder sollte Vater Bach seinen orgelspielenden Sohn eben aus diesem Grund nach Merseburg geschickt haben? Der damalige Domorganist Georg Friedrich Kauffmann wird Johann Sebastian Bach gut bekannt gewesen sein, möglicherweise schätzte er ihn sogar, denn Kauffmann war vom Rat der Stadt Leipzig im Jahre 1722 neben Bach und Graupner in die engere Wahl für die Neuvergabe der Thomaskantorstelle gezogen worden.

Mit Sicherheit aber genoß ein dritter, zu jener Zeit in Merseburg ansässiger Musiker und Komponist die Hochachtung Johann Sebastian Bachs: Johann Christian Friedrich Förster. Eigenhändig kopierte Vater Bach die Partituren der sechs französischen Ouvertüren Johann Christian Friedrich Försters. Und in seinem Nachlaß fand sich ein ganzer Jahrgang Kirchenkantaten des immens fleißigen Förster, der allein in Merseburg etwa dreihundert Kompositionen geschaffen haben soll, für jeden Kirchensonntag eine.

Johann Sebastian Bach dürfte also des öfteren in Merseburg gewesen sein. Vor allem wird er sich im Hause Graun von den Fortschritten, die sein Sohn Wilhelm Friedemann machte, überzeugt haben. Doch war er sicherlich auch im Haus Ölgrube 33 zu Gast, wo Johann Christian Friedrich Förster in Merseburg zu Hause war. Und die Merseburger Domorgel sollte wohl nicht nur für den Sohn, sondern auch für den Vater Bach ihre Reize gehabt haben. Sehr gut möglich, daß Johann Sebastian Bach aus Merseburg die eine oder andere Anregung mit nach Leipzig nahm.

Wilhelm Friedemann Bach aber dürften die Merseburger Lehrjahre, all die hier gewonnenen Eindrücke, zweifellos geprägt haben. Es war die Blütezeit des Merseburger Musiklebens.

Versunkenes Schlößchen,
Wohnhaus J.M.Hoppenhaupts (1988 abgerissen)

geboren am 25.6.1685 in Merseburg, wirkt wahrscheinlich
ab 1706 als Bildhauer und Architekt in Zittau, errichtet dort
1708 den Herkulesbrunnen, erwirbt 1711 das Merseburger
Bürgerrecht, schafft das Porzellankabinett des Merseburger
Schlosses, wird hier 1713 zum Fürstlich Sächsischen
Hof-Bildhauer und 1717 zum Fürstlich Sächsischen
Land-Baumeister ernannt, vollendet 1725 die Kirche in
Oberbeuna, baut 1727–1731 den Merseburger
Schloßgartensalon, 1735 den Herzogspavillon in Lauchstädt,
1738 die Obere Wasserkunst und 1744 das Versunkene
Schlößchen in Merseburg, wirkt an zahlreichen weiteren
Bauten mit, stirbt am 14.9.1751 in Merseburg.

Johann Michael Hoppenhaupt

Johann Michael Hoppenhaupt war nicht der erste und auch nicht der letzte Hoppenhaupt, der in Merseburg als Bildhauer und Architekt wirkte. Sein Vater Michael kam um 1680 von der dänischen Insel Lolland über Anklam in die Stadt an der Saale und erwarb hier 1685 das Bürgerrecht. Er schuf das herzögliche Fischhaus am Gotthardtsteich, ein barockes Altarkreuz der Neumarktkirche sowie den Altar der Leipziger Matthäikirche. An anderen Projekten der baufreudigen Merseburger Herzöge, wie der Neugestaltung der Altenburger Kirche, dürfte er beteiligt gewesen sein.

Sein Sohn Johann Michael nun wurde zwei Monate nachdem sein Vater sich Merseburger Bürger nennen konnte geboren. Gewohnt haben die Hoppenhaupts damals wohl im Eckhaus Große/Kleine Ritterstraße. Für zwei Architekten und Bildhauer aber, zumal aus der gleichen Familie, schien Merseburg alsbald zu eng. Nach abgeschlossener Ausbildung ging Johann Michael Hoppenhaupt nach Zittau, kehrte erst nach dem Tod seines Vaters nach Merseburg zurück: *Hr. Johann Michael Hoppenhaupt, ein Bildhauer, Hr. Michael Hoppenhaupt weiland Bürger und Bildhauer alhier nachgelassener eheleiblicher Sohn, hat zur erhebung der Väterl. Nachlassenschaft das Bürger Recht den Statutis hiesiger Stadt gemäß würcklich gewonnen den 12. August 1711.*

Johann Michael Hoppenhaupts erste Merseburger Arbeit scheint die Ausgestaltung der Gemächer des jungen Herzogspaares Moritz Wilhelm und Henriette Charlotte im Ostflügel des Merseburger Schlosses gewesen zu sein. Beeindruckend gelang ihm dabei das Porzellankabinett. Schon im Jahr darauf, 1713, avancierte Johann Michael Hoppenhaupt zum Fürstlich Sächsischen Hofbildhauer und 1717 zum Fürstlich Sächsischen Landbaumeister.

Er schuf Prunksärge für die Fürstengruft des Merseburger Domes, die Kirchen in Kötzschen und Oberbeuna samt Ausstattung, den Musikpavillon des Schlosses Bündorf, den Merseburger Schloßgartensalon, den Lauchstädter Herzogspavillon, die Mühle in Holleben, zahlreiche Epitaphe und Grabdenkmale sowie die Obere Wasserkunst in der Merseburger Altenburg. Ferner erweiterte er das von seinem Vater erbaute Merseburger Fischhaus, das im Volksmund Herzog Christian genannt und im 2. Weltkrieg zerstört wurde, und wirkte auch an Bauten des Köthener Hofes mit.

Kein Opfer von Bomben, sondern der Verwahrlosung durch betonköpfische Städteplaner, wurde das einzigartige Merseburger Wohnhaus Johann Michael Hoppenhaupts, das *Versunkene Schlößchen*. 1717 hatte er in der Unteraltenburg ein Haus erworben, das er 1744 von Grund auf neu errichtete und mit prächtigem Fassadenschmuck versah. Nicht von ungefähr bürgerte sich in Merseburg für dieses Künstlerhaus alsbald der Name Schlößchen ein. Der Zusatz *Versunken* entsprang wohl seiner beabsichtigt tiefen Lage, die durch eine spätere Straßenerhöhung noch verstärkt wurde. 1988 erfolgte der schnöde Abriß.

Schwierigkeiten mit Dogmatikern scheint jedoch auch schon der Bauherr gehabt zu haben. Im streng protestantischen Merseburg lud er zum Pfingstfest 1743 einen katholischen Pater in sein Haus ein und ließ katholischen Gottesdienst halten. Diese Ungeheuerlichkeit beschäftigte dann sogar das bald darauf zusammengetretene Generalkapitel, welches schließlich Maßnahmen einleitete, *daß ähnliches in Zukunft unterbleibe...* Steht damit möglicherweise die Inschrift in Verbindung, die einst den Schlußstein des Versunkenen Schlößchens prägte: TRIA SVNT MIRABILLA DEVS ET HOMO MATER ET VIRGO TRINVS ET VNVS - Drei sind wunderbar: Gott und Mensch, Mutter und Jungfrau, der Dreieinige und Einige – steingewordener Trotz Johann Michael Hoppenhaupts?

Gleichzeitig mit dem Fürstlich Sächsischen Landbaumeister Hoppenhaupt wirkten weitere Bildhauer und Architekten in Merseburg: Christian Trothe, der zudem auch mehrmals Merseburger Bürgermeister war, und dessen Sohn Johann Christian Trothe sowie Johann Heinrich Agner der Ältere und dessen Sohn Johann Heinrich Agner der Jüngere. Zwei Söhne Johann Michael Hoppenhaupts aber, die selbstverständlich auch das Bildhauer- und Architektenhandwerk erlernt hatten, taten es ihrem Vater in jungen Jahren gleich und suchten ihr Glück in anderen Städten. Der gleichnamige Johann Michael Hoppenhaupt, genannt Hoppenhaupt der Ältere, arbeitete in Dresden und Wien und schließlich für Friedrich den Großen in Berlin und Potsdam. Johann Christian Hoppenhaupt, genannt Hoppenhaupt der Jüngere, galt neben seinem Bruder als der wichtigste Vertreter des späten Berlin-Potsdamer Rokoko und war in noch bedeutenderem Maße als dieser am Entwurf und der Ausstattung der Schlösser Friedrich des Großen beteiligt, Sanssouci, Schloß Charlottenburg, Stadt-schloß Potsdam und Neues Palais. Möglicherweise könnte manche architektonische Idee und manches Detail hierbei auf Anregungen ihres Vaters zurückzuführen sein.

Ihr jüngerer Bruder Moritz Ehrenreich Hoppenhaupt hingegen blieb in Merseburg und wurde so nach dem Tod ihres Vaters dessen Nachfolger als Landbaumeister.

Das Sterberegister der Altenburger Kirche St. Viti vermerkt über den Tod Johann Michael Hoppenhaupts im Jahre 1751: *Herr Johann Michael Hoppenhaupt, ein Ehemann, weyl. Königl. Pohln. und Churfürstl. Sächsisch. Stiftisch-Merseb. Land-Bau-meister, ist den 14 d. Sept. früh um 8 Uhr, seines Alters 66 Jahr 3 Monath gestorben und d. 17 d. huj. nachts beygesezet word.* Moritz Ehrenreich Hoppenhaupt starb 1756 und sein Bruder Johann Michael 1779 in Merseburg, Johann Christian Hoppenhaupt als letzter Sproß der großen Merseburger Bildhauer- und Architekten-familie um 1785, wahrscheinlich in Berlin.

Friedrich der Große

geboren am 24.1.1712 in Berlin, versucht als preußischer
Kronprinz 1730 seiner strengen militärischen Erziehung zu
entfliehen, Haft in der Festung Küstrin, lebt ab 1734 in
Rheinsberg, wird am 31.5.1740 König von Preußen, führt im
Geiste der Aufklärung Reformen durch, Freundschaft mit
Voltaire, erobert 1741 Schlesien, führt 1744/45 den zweiten
Schlesischen Krieg, beginnt 1756 mit dem Einfall in Sachsen
den Siebenjährigen Krieg, annektiert 1772 bei der ersten
Teilung Polens Westpreußen ohne Danzig und Thorn, läßt
zahlreiche Schlösser erbauen, so u.a. Sanssouci, beschäftigt
sich mit Philosophie, verfaßt diverse Schriften, komponiert,
spielt Flöte, hinterläßt ein um 80 000qkm vergrößertes
Preußen, einen Schatz von 70 Millionen Talern und ein Heer
von 200 000 Mann, stirbt am 17.8.1786 in Potsdam.

Friedrich II. (der Große)

Unter Umständen wäre Merseburg einer der Schlachtorte des Siebenjährigen Krieges geworden. Nach monatelangen Truppenbewegungen und ständig wechselnden Besatzungen rückten am 30. Oktober 1757 starke französische Verbände in Merseburg ein. Dennoch sollte tags darauf, wie seit alters her üblich, Martinimarkt gehalten werden. Händler waren angereist, alle Vorbereitungen getroffen. Es wurde jedoch kein Jahrmarkt, sondern, wie ein Zeitgenosse in sein Tagebuch notierte, ein Jammermarkt daraus. Gegen Mittag des 31. Oktober 1757 bewegte sich Friedrich der Große mit seiner Armee von Lützen her auf Merseburg zu.

Die Stadt geriet in helle Aufregung, schließlich lag Sachsen mit Preußen im Krieg. Die auf dem Neumarkt vorgelagerte französische Kavallerie galoppierte ins Zentrum. Die französischen Trommler schlugen Alarm. Eilends wurde entlang der Saale, von der Neumarktbrücke an bis nach Schkopau, eine starke Verteidigungslinie aufgebaut, vielenorts Geschütze in Stellung gebracht. Die Preußen zogen von der Hohen Brücke bis Meuschau hin in Schlachtordnung auf. Schon rückte ihre Infanterie zum Andreashospital vor, die Artillerie feuerte drei Schüsse auf Merseburg ab. Da aber steckten die Franzosen die Neumarktbrücke in Brand. Und das nun stoppte den preußischen Angriff. Während seine Truppen sich auf die umliegenden Dörfer zurückzogen, soll Friedrich der Große im Gasthof Fasanerie logiert haben.

Fünf Tage später aber kam es unweit Merseburgs dann doch zur Schlacht. Bei Roßbach griff Friedrich der Große mit seinem Heer die Franzosen unter Prinz Soubise und die mit ihnen verbündete Reichsarmee unter Prinz von Hildburghausen an. Und trotz zahlenmäßig deutlicher Unterlegenheit erfochten die Preußen einen großen Sieg, wurden die Franzosen auf dem europäischen

Kontinent seit langer Zeit erstmals wieder geschlagen. Napoleon soll später sogar gesagt haben, daß mit der verheerenden Niederlage bei Roßbach die französische Revolution begann.

Schon am Nachmittag des Schlachttages flohen blessierte französische Offiziere bis in die Saalestadt. Am nächsten Tag, dem 6. November 1757, wurden verwundete und gefangene Franzosen von früh morgens bis spät in die Nacht nach Merseburg gebracht. Und auch am 7. November riß dieser Zug noch nicht ab. Allein elf französische Generäle und einhundertfünfundachtzig Offiziere mußten Merseburg nun als Gefangene betreten, fanden aber ebenso wie verwundete Preußen Unterkunft in Bürgerhäusern, im Schloßgartensalon oder auch im Schloß. Die gemeinen französischen und österreichischen Kriegsgefangenen pferchte man aber, laut zeitgenössischem Bericht, wie Vieh in der Stadtkirche ein. Und als man diese Soldaten endlich verlegte, hatten die Stadtarmen das Gotteshaus tagelang von Exkrementen zu säubern. Es herrschte ein *grausamer Gestanck, wie eine Pest!*

Am Abend des 8. November aber zog Friedrich der Große, der Sieger von Roßbach, von Burgwerben kommend in Merseburg an. Er quartierte sich im Haus der Commissionssekretärinsgattin Herzog in der Mälzergasse ein. Mit ihm kam auch der englische Gesandte, der im Eckhaus Entenplan/ Burgstraße Logis fand. Am nächsten Morgen, gegen neun Uhr, ritt der Preußenkönig auf einem edlen Schimmel zum Schloß, die dreiundfünfzig erbeuteten Kanonen sowie Kriegsgefangene zu besichtigen. Gekleidet hatte er sich geschmackvoll in einen blauen Rock mit schwarzer Weste, breite Schärpe darüber. Sein königliches Haupt deckte ein lederüberzogener Hut.

Eine ganze Stunde hielt sich Friedrich der Große im Merseburger Schloßhof auf, dann begab er sich wieder in sein Quartier, speiste noch geruhsam zu Mittag und fuhr schließlich in einer achtspännigen Kutsche gen Leipzig davon.

Bis letztlich all die Kriegsgefangenen, all die Verwundeten und sämtliche Beutestücke aus Merseburg abtransportiert waren, sollten noch Wochen vergehen. Die Schlacht war der alten Stadt an der Saale erspart geblieben, deren Folgen jedoch nicht.

S. M. Zug auf einer Gedenkmünze von 1784

geboren am 20.2.1733 in Merseburg, 1753 Bauführer beim Oberbauamt in Dresden, 1760 Theatralischer Baumeister, 1772 Hofbaumeister, wirkt an Schloßbauten in Polen mit, 1768 vom polnischen Sejm in den Adelsstand erhoben, baut 1778–1781 die evangelische Kirche in Warschau, veröffentlicht 1784 ein auch ins Polnische übersetztes Buch über die Warschauer Gartenanlagen, nimmt 1795 seinen ständigen Wohnsitz in Warschau, tritt nach der dritten Teilung Polens als Hofbaumeister in die Dienste des neuen Landesherrn, des Königs von Preußen, stirbt am 11.8.1807 in Warschau.

Simon Gottlieb Zug

Prächtige Bauten prägten von Kindheit an den Alltag Simon Gottlieb Zugs. Sein Vater war Fürstlich Sächsischer Kammerdiener im Merseburger Schloß. Romanik, Gotik, Barock, spielend dürften dem kleinen Simon Gottlieb, der auch Amadeus gerufen wurde, Baustile vertraut geworden sein. Und offenbar weckten eines Tages nicht nur Schloß und Dom, sondern auch soeben in Merseburg entstehende Bauten sein architektonisches Interesse: Obere Wasserkunst, neues Andreasheim, Versunkenes Schlößchen...

Der zwanzigjährige Simon Gottlieb Zug bewarb sich beim Sächsischen Oberbauamt in Dresden und wurde als Conducteur angenommen und vereidigt. Schon bald beorderte man den jungen, begabten Bauführer nach Warschau. Sein oberster Dienstherr, Friedrich August II., sächsischer Kurfürst und zugleich König von Polen, ließ in der polnischen Hauptstadt Prestigebauten errichten. Und Simon Gottlieb Zug schien zur vollsten Zufriedenheit seiner Behörde wie der Warschauer zu arbeiten. 1760 wurde er zum Theatralischen Baumeister ernannt, 1768 vom Sejm geadelt. Zuvor war ihm nach dem Tode Friedrich August II., und obwohl die Polen sich mit Stanislaus II. August keinen weiteren Sachsen zum König erwählten, die Erlaubnis erteilt wurden, auch künftig in Warschau zu schaffen. 1772 avancierte Simon Gottlieb Zug sogar zum Sächsischen Hofbaumeister, wobei man ihm in Dresden bescheinigte: *bei eintretender Vakanz soll er zur Dienstleistung hier verpflichtet werden, inzwischen hat er weiter die Erlaubnis, seinen Aufenthalt in Polen zu nehmen, wo er die Kgl. Bauten in Warschau zu inspizieren hat.*

Zur wohl größten Leistung schwang sich Simon Gottlieb Zug jedoch als Architekt und Baumeister der evangelischen Kirche Warschaus auf. Am 4. Mai 1778 erfolgte die Grundsteinlegung für diesen ersten streng klassizistischen Monumentalbau Polens. Am 30. Dezember 1781 konnte das Gotteshaus, ein kuppelüberwölbter Rundbau mit dorischer Eingangshalle, im Innern bestimmt von einer zweigeschossigen Galerie, eingeweiht werden. Und nicht allein die Bauleistung mußte beeindrucken: Simon Gottlieb Zug verzichtete gegenüber der evangelischen Gemeinde auf jegliche Honorierung. Ja, er verlieh obendrein 18 000 Gulden, um das Gelingen dieses protestantischen Kirchenbaus im katholischen Warschau zu sichern. Überzeugende Einheit von Glaube und Profession.

Aus Dankbarkeit ließ das Kirchenkollegium vom polnischen Hofmedailleur Holzhäuser drei Jahre später eine Schaumünze mit dem Abbild des Baumeisters Zug prägen. Die kostbare Goldmünze wurde ihm mit folgendem Dankschreiben überreicht:

Die Uneigennützigkeit, die Sie als Baumeister der hiesigen evang. Kirche bezeiget, indem Sie Kunst und Zeit verwendeten ohne irgendeine Belohnung anzunehmen, hat Männer, die Tugend ehren, veranlasset, die Ihrige zum Beispiel und zur Nachahmung der Zukunft durch eine Denkmünze zu überliefern... Nicht nach Metall noch Gepräge, sondern nach dem Sinne der Absicht schätzen Sie das Geschenk.

Simon Gottlieb Zug antwortete:

Die größte Genugthuung für mich war die, ein Gebäude von der Art unter der Führung so rechtschaffener Männer, zu ihrer Zufriedenheit, in so kurzer Zeit, und ohne die geringste dabei vorgefallene Mißheligkeit, beendigt zu haben. Denn ich war stolz darauf, von Ihnen, unter so viel geschickten Männern, zu dessen Ausführung gewählt worden zu sein, und Ihnen Genüge gethan zu haben. Dies war die mir gewünschte einzige Belohnung, jetzt aber, da ich mich gedrungen sehe, Ihrer Großmuth nachzugeben, wie weit bleibe ich hinter Ihnen? Sie stürzen meine ganzen vorigen Entschlüsse um, und ich muß Sie bewundernd schweigen.

Nach der Annexion der preußischen Westgebiete durch Preußen, dem Abreißen der Verbindungen nach Sachsen, nahm Simon Gottlieb Zug seinen festen Wohnsitz in Warschau, der Stadt, in der er sein Lebenswerk schuf, bezog ein

Haus in der Królewka 1069. 1807 starb er hier in bescheidenen Verhältnisen.

1939 dann sollte sein Hauptwerk, die evangelische Kirche am Malochowskiego Platz, von Deutschen in Brand geschossen werden. Und erst Jahre nach diesem Krieg gelang dank schwedischer Spendenmittel ein Wiederaufbau als Konzertsaal.

J. W. v. Goethe

geboren am 28.8.1749 in Frankfurt (Main), studiert Jura in
Leipzig und Straßburg, beginnt zu dichten, nach
Bekanntschaft mit Herder Periode des Sturm und Drang,
1771 Rechtsanwalt in Frankfurt,1772 in Wetzlar,schreibt den
Götz von Berlichingen „Die Leiden des jungen Werther" u.a,
ab 1775 in Weimar, wird Geheimer Legationsrat, dann
Minister, 1782 geadelt, „Wilhelm Meisters theatralische
Sendung", entflieht 1786 nach Italien,Hinwendung zur
Klassik, „Egmont", „Iphigenie", 1788 Leiter des Weimarer
Hoftheaters, „Torquato Tasso", widmet sich
naturwissenschaftlichen Studien, Freundschaft mit Schiller,
„Faust", arbeitet von 1811–30 u.a. an „Dichtung und
Wahrheit", beendet 1831 „Faust II", wurde neben seinen
Dramen und seiner vielfältigen Prosa insbesondere durch
seine Lyrik zum wohl bedeutendsten deutschen Klassiker,
stirbt am 22.3.1832 in Weimar.

Johann Wolfgang von Goethe

Lange bevor Goethe erstmals nach Merseburg kam, lernte er das Merseburger Bier kennen. Ein zwiespältiger Genuß offenbar. In seinem Alterswerk *Dichtung und Wahrheit* äußerte er, sich an seine Leipziger Studentenzeit erinnernd: *das schwere Merseburger Bier verdüsterte mein Gehirn.* Der Student Goethe hatte jedoch einst aus Straßburg an Susanna Katharina von Klettenberg geschrieben: *Die Jurisprudenz fangt an mir sehr zu gefallen. So ists doch mit allem wie mit dem Merseburger Biere, das erste mal schauert man, und hat mans eine Woche getrunken, so kann mans nicht mehr laßen.*

Am 22. September 1781 nahm Johann Wolfgang von Goethe dann auf der Durchreise von Weimar nach Dessau im Merseburger Gasthof Zur Post in der Breite Straße Quartier. Er kam nicht allein, reiste vielmehr mit Fritz, dem Sohn der Frau von Stein, dessen Erziehung er sich angenommen hatte. Denkbar also, daß die beiden die Sehenswürdigkeiten der Stadt erkundeten, auch Dom und Schloß. Mit Sicherheit schrieb Johann Wolfgang von Goethe an diesem Tag in Merseburg aber das Gedicht Der Becher.

Einen wohlgeschnitzten vollen'Becher
Hielt ich drückend in den beiden Händen,
Sog begierig süßen Wein vom Rande,
Gram und Sorg auf einmal zu vertrinken...

Zehn Jahre später aber sollten Goethes Beziehungen zu Merseburg nicht mehr nur auf Getränken und Trinkgefäßen beruhen. Er bemühte sich beim hiesigen Stiftskanzler von Gutschmid sowie beim einflußreichen Grafen von Zech um die Erteilung einer Konzession für sein Weimarer Hoftheater in Lauchstädt. Tatsächlich kam die Merseburger Stiftsregierung diesem Ansinnen ohne lange zu zögern nach. Vierzig Mal gastierte das Weimarer Hoftheater während der Sommersaison 1791 im beliebten Badeort

Lauchstädt. Ein künstlerischer wie finanzieller Erfolg. Und diese ersten waren beileibe nicht die letzten Gastspiele des Weimarer Hoftheaters hier. Mit großem Entgegenkommen verlängerte die Merseburger Stiftsregierung die erteilte Konzession ein ums andere Mal. Das steigende Ansehen Lauchstädts kam natürlich auch der Bedeutung des Hochstifts zugute.

1797 dann wandte sich Johann Wolfgang von Goethe sogar an den Kurfürst Friedrich August III. in Dresden und erbat anstelle des alten Theaters, das die Halleschen Studenten nicht von ungefähr den Schafstall nannten, ein neues, den gewachsenen Anforderungen entsprechendes Gebäude errichten zu dürfen.

Die Ober-Direktion der Schauspieler-Gesellschaft würde diese landesherrliche gnädigste Vergünstigung mit unterthänigstem Danke vernehmen und sich äußerst angelegen seyn lassen, den Zweck eines wohleingerichteten Schauspiels zu Lauchstedt in jedem Betracht immer mehr zu fördern und mit gnädigster Billigung immer würdiger zu machen...

Die Kosten des Baus wollten die Weimarer tragen, wünschten dafür aber nicht nur das neue Haus, sondern auch den Grund und Boden, auf dem es stehen sollte, als Eigentum zu erwerben. Auch würde, nach Goethes Dafürhalten, eine längerfristige als die bis dahin übliche Konzessionserteilung dem ganzen Unterfangen mehr Sicherheit geben. Reichlich Ansprüche für Bedienstete eines fremden Landesherrn, so logisch sie auch sein mochten. Doch schienen zumindest einige der in Merseburg Regierenden darauf nicht unvorbereitet. Nach Rücksprache mit den zuständigen Stiftsbehörden verfügte man in Dresden, daß die Spielerlaubnis für das Weimarer Hoftheater über die 1799 ablaufende Konzession hinaus, um weitere zwölf Jahre verlängert wurde. Und das Merseburger Kammer-Kollegium sollte *mehrbemeldeter Gesellschaft einen geräumigen Platz zu einem auf ihre Kosten zu erbauenden neuen Schauspielhause zu Lauchstedt, jedoch wegen dessen, auf Erfordern, zu veranstaltenden Räumung, unter der zeitherigen, auch übrigens unter der Bedingung: daß solches Schauspielhaus ohne Unsere Einwilligung an Niemanden anders überlassen und dagegen ein Canon von jährlich fünf Thalern entrichtet werden, anweisen lassen.*

Die Angelegenheit war nun so weit gediehen, daß es am 6. Mai 1799 zu einem Lokaltermin mit dem Merseburger Kammerherrn Wurmb von Zink und dem Stiftsbaumeister Chryselius kam. Dennoch trat schließlich eine Verzögerung ein, die das Goethesche Theaterprojekt, und trotz allem Wohlwollens der Merseburger Behörden, fast noch zum Scheitern gebracht hätte. Der Weimarer Herzog Karl August brauchte alles Geld für einen neuen Schloßbau. Oder sollten die bis dahin geflissentlich ungeklärten Eigentumsfragen am Theatergrundstück irgendeine herzögliche Instanz blockiert haben? Andererseits war das gesamte Weimarer Hoftheater auf die Saisoneinnahmen aus Lauchstädt angewiesen!

Am 30. August 1801 schrieb Johann Wolfgang von Goethe an *seinen Herzog: Die Theater Bau Angelegenheiten in Lauchstädt sind so geeignet, daß, wenn man sich auf das Rescript der Stifts-Regierung in Merseburg nicht bald erklärt, daß man den besagten Bau unternehmen werde, die Concession verloren gehen dürfte.* Und er schlug vor, nicht länger auf das Eigentum an Merseburgischem Grund und Boden zu beharren. Ansonsten könnte die Sommerspielzeit 1801 die letzte des Weimarer Hoftheaters in Lauchstädt gewesen sein. Eine Brüskierung wohl nicht nur des Ensembles und des hiesigen Publikums, sondern, nach all dem gezeigten Entgegenkommen, auch des sächsischen Kurfürsten, dessen Behörden schon deutlich Verstimmung signalisierten. Darauf nun schien es Herzog Karl August nicht ankommen lassen zu wollen. Binnen eines halben Jahres wurde der Theaterbau unter unsäglichen Schwierigkeiten endlich ausgeführt. Noch am Tage der Einweihung, dem 26. Juni 1802, mußten Handwerker bis zur Eröffnung hämmern, hobeln, sägen.

Der Merseburger Stiftskanzler hatte sich für diesen, offenbar auch von ihm lange herbeigesehnten Tag etwas Besonderes einfallen lassen. Nach der Begeisterung auslösenden Vorstellung führte er die geladenen Gäste in den festlich illuminierten Lauchstädter Park vor einen Altar mit der Inschrift: *Vivat Goethe!* Nicht von ungefähr also weilte Johann Wolfgang von Goethe im Jahre 1803 noch zweimal in Merseburg und betonte *das gute Verhältnis mit den dortigen oberen Behörden.*

J. v. Eichendorff

geboren am 10.3.1788 auf Schloß Lubowitz in
Oberschlesien, besucht das Gymnasium in Breslau, studiert
ab 1805 in Halle und Wien Jura, 1807 in Heidelberg erste
Kontakte mit Dichtern der Romantik, wird 1813 Lützower
Jäger,1816 Beamter: erst Regierungsassessor in Breslau, 1820
Regierungsrat in Danzig, 1824 Oberpräsidialrat in
Königsberg, 1830 im Berliner Kultusministerium, lebt nach
der Pensionierung im Jahre 1844 hauptsächlich in Berlin und
Dresden, schließlich in Neisse, stirbt dort am 26.11.1857;
schrieb zahlreiche Gedichte, auch Romane, Erzählungen,
Dramen, einer der bedeutendsten deutschen Romantiker,
wichtigste Werke: „Aus dem Leben eines Taugenichts", „Das
Schloß Dürande", „Ahnung und Gegenwart" u.a.

Joseph von Eichendorff

Hallesche Studenten mußten Anfang des 19. Jahrhunderts ins Ausland fahren, um auch kulturell auf ihre Kosten zu kommen. In Preußen herrschte Theaterverbot. Im nahen Merseburg oder Lauchstädt aber, in Sachsen, war durchaus etwas zu erleben.

Joseph von Eichendorff kam am 15. Mai 1805 mit Kommilitonen nach Merseburg. Die jungen Leute brachen gegen Mittag in Halle auf, drei fuhren im Einspänner, andere, so auch der Studiosus Eichendorff, ritten. In Merseburg angekommen, begab man sich schnurstracks in eine der zahlreichen Schenken, die Grüne Linde vielleicht, doch nicht, um studentengemäß dem berühmten Merseburger Biere zuzusprechen, sondern, wie Joseph von Eichendorff in sein Tagebuch notierte, um sich mit Schokolade und Kuchen zu laben. Derart gestärkt besichtigte die Gruppe dann den Merseburger Dom. Erstaunlich aber, daß Joseph von Eichendorff hier neben einem uralten katholischen Altar und der Kanzel, von der Luther predigte, Luthers Meßgewand und dem Mantel der heiligen Kunigunde, auch das Grabmal Kaiser Heinrichs gesehen haben wollte. Sollte sich der Küster oder wer immer den stolzen Halleschen Studiosi Dom und Domschatz zeigte, einen Scherz erlaubt haben? Selbst dann wäre auf der Bronzeplatte besagten Grabes jedoch deutlich zu lesen gewesen, daß hier kein Kaiser Heinrich, sondern Rudolf von Schwaben ruht.

Nun gut, eine Oberflächlichkeit des jungen Eichendorff eben, entstanden vielleicht aus der Distanz des Katholiken gegenüber einem evangelischen Gotteshaus, das er übrigens stets nur als Kirche, nie als Dom bezeichnete, und nicht zu vergleichen dem, was sich Hallesche Studenten sonst so in Merseburg leisteten. Da wurden Jahrmarktsbuden niedergeritten, Leute verspottet, Ordnungshüter genarrt, des Nachts auf offener Straße Studentenlieder gegrölt...

Nicht so Joseph von Eichendorff mit seinen Freunden. Sie besuchten als Höhepunkt ihres Ausfluges nach Merseburg den Schloßgartensalon, wo die Pleß'sche Gesellschaft aus Weißenfels Theater spielte. Deren Kunstverstand mußte allerdings so bescheiden gewesen sein, daß Eichendorff mit seinen Kommilitonen nach der Vorstellung über Gebühr schnell nach Halle zurückwollte. Das allerdings wäre einigen der Studenten fast zum Verhängnis geworden. An der Schkopauer Fähre scheute das Kutschpferd und riß den Einspänner in die Saale. Erst in letzter Sekunde gelang es den Mitfahrenden noch abzuspringen.

Schon am 30. Juni war Joseph von Eichendorff wieder in Merseburg. Dieses Mal kam er mit Freunden zu Fuß aus Schkeuditz und wollte weiter nach Lauchstädt, um eine Aufführung von Schillers *Braut von Messina* zu sehen. Die Gruppe verirrte sich aber *in den Gärten u. Wiesen von Merseburg.* Und als die jungen Leute dann *ganz struppirt u. mehr als halbohnmächtig in Lauchstädt anlangten,* mußten sie zu ihrem Entsetzen erfahren, daß statt der *Braut von Messina* ein Stück von Kotzebue gegeben wurde. Dieser Heimweg dürfte elender noch als der nach dem Kutschunfall gewesen sein.

Alles das vermochte Joseph von Eichendorffs Theatergier jedoch nicht zu dämpfen. Und am 3. August 1805 wurde seine Hartnäckigkeit dann gleich doppelt belohnt: es gelang ihm in Lauchstädt nicht nur eine Aufführung des *Götz von Berlichingen* zu erleben, nein, *Sr. Exelenz der Geheime Rath von Göthe saß selbst mit seiner Demois. Vulpius in der Loge und blikte so herab auf das Entzüken, welches das Kind seines Geistes rings verbreitete!*

Verständlich, daß Joseph von Eichendorff daraufhin noch mehrmals nach Lauchstädt, doch nicht mehr nach Merseburg kam. Obendrein spielte in seinen Tagebuchaufzeichnungen alsbald auch die hiesige Mädchenwelt und insbesondere ein *schönes kleines rothes Vis-á-vis* eine Rolle. Ein Theaterschwarm. Die Empfindungen aber, die eine Lauchstädter *Egmont*-Inszenierung in ihm auslösten, entlockten Joseph von Eichendorff die Bemerkung: *Göttlicher Genuß.*

Zeitgenössische Karikatur Napoleons

geboren am 15.8.1769 auf Korsika, avanciert während der
französischen Revolution zum General, schlägt 1795 in Paris
einen royalistischen Aufstand nieder, besiegt 1796/97 die
Österreicher in Italien, Ägyptenexpedition 1798/99, kommt
1799 durch Staatsstreich an die Macht, ab 1804 Kaiser der
Franzosen, Koalitionskriege, sichert französische Vormacht
in Westeuropa, Gründung des Rheinbundes,
Kontinentalsperre gegen England, Sieg über Preußen 1806,
Niederlage im Rußlandfeldzug 1812 sowie im
anschließenden Befreiungskrieg 1813/14, Verbannung auf
Elba, Rückkehr, endgültige Niederlage bei Waterloo,
Verbannung auf St.Helena, stirbt am 5.5.1821.

Napoleon Bonaparte

Kanonendonner aus der Freyburger Gegend kündigte am 14. Oktober 1806 das baldige Eintreffen Napoleons an. Da aber glaubten die Merseburger noch, die Preußen und die mit ihnen verbündeten eigenen, glorreichen sächsischen Truppen hätten den Eindringling besiegt. Schon am Tage darauf erreichten Geschlagene Merseburg, und selbst dem verschlafensten Zeitgenossen kam die Kunde von der schlimmen Niederlage bei Jena und Auerstädt unweigerlich zu Ohren. Jammern und Lamentieren wurde laut. Was sollte werden, was bloß sollte nun werden?

Am 17. Oktober ritten die ersten Franzosen, Chasseurs á Cheval und Grenadiers á Cheval, durch das Sixtitor in die Stadt. Mütter zogen ihre Kinder von den Straßen, Männer trieben das Vieh in die Ställe; Fenster, Türen, Tore wurden verriegelt. Ängstliches Lauschen. An der Kliabrücke vor dem Klausentor stieß die französische Vorhut auf von Schkopau her anrückende sächsische Dragoner und preußische Husaren. Und tatsächlich gelang es noch einmal die feindlichen Truppen zu vertreiben. Ein nachrückendes Bataillon preußischer Füsiliere plänkelte mit den Franzosen bei Kötzschen bis in den späten Nachmittag. Es gab Verwundete und einen Toten. Gegen Abend zogen sich die Preußen nach Halle zurück, wo sie jedoch des Nachts überrumpelt und in die Flucht geschlagen wurden.

In Merseburg hingegen blieb die Nachtruhe ungestört, und der Morgen des 18. Oktober war so friedlich, als läge die Stadt fernab der Zeitläufte. Schon begann der Alltag wieder das Geschehen zu bestimmen, da verbreitete sich die Nachricht von der heillosen Flucht der preußischen Reservearmee. Und ehe man recht zur Besinnung kam, rückte nicht mehr nur eine Vorhut, sondern nach und nach ein Großteil der französischen Armee, angeführt

vom Generalfeldmarschall Angerau, nach Merseburg ein. Tagelang würden nun Truppen auf der Hauptstraße von Thüringen
durch das Sixtitor herein, durch die Breitestraße, über den
Markt, die Burgstraße entlang zum Dom, durch die Altenburg
und zum Klausentor hinaus nach Halle ziehen. Was für ein Heer-
wurm! Infanterie, Kavallerie, Grenadiere, Kürassiere, Dragoner,
Husaren, Mamelucken, immer ein Regiment nach dem anderen,
Trommeln, Trompeten und Geschrei, dazwischen geraubte Rind-
vieh-, Schweine- und Schafherden, Troß und hunderte Kanonen,
Freibeuter in Phantasieuniformen, mit Gänsen, Enten, Hüh-
nern, Speckseiten und Schinken, Würsten, Fett- und Buttertöpfe
behangen und Brotlaiben auf den Bajonetten. Gendarmen versuchten Plünderungen zu verhindern, das Chaos zu regulieren.
   Die Merseburger längs des Zuges schienen starr vor Schreck
und Staunen. So also sah die neue Herrschaft aus! Denn daß die
Franzosen nun auch hier das Sagen haben würden, stand offenkundig außer Frage. Wer sollte diesen martialischen Scharen
mit all ihrem Kriegsgerät noch ernstlich Widerstand entgegen-
setzen können?
   Beim Einmarsch der Garden hellte sich dann schon so manche
Miene auf. Beeindruckend, wie exakt nach dem Trommelschlag
marschiert wurde, das war Ordnung, das war Zucht. Was auch
sollte es für einen Sinn machen, sich gegen das Unvermeidliche
zu sträuben? Man mußte mit der Zeit gehen, jawohl. Bewegung
kam in die Menge, irgend jemand hatte gerufen: „Der Kaiser
kommt!" Von Mund zu Mund flog der Ruf durch die Stadt, heiser,
emphatisch, klar: „Der Kaiser kommt!", „Der Kaiser kommt!".
   Und da kam er leibhaftig, Napoleon Bonaparte, unverkennbar
durch seinen eigenwilligen Hut und das dunkelgrüne Gewand,
klein, doch energisch auf seinem edlen Schimmel, lederner Teint,
verkniffene Lippen, den Blick stier in die Ferne. Hemmungslos
schwoll die Begeisterung an, Klatschen, Hochrufe, Jubel: „Es
lebe Napoleon!", „Hurra!", „Hurra"... Hin und wieder nickte der
eine oder andere aus Napoleons riesiger Gefolgschaft den unter-
würfigen Merseburgern herablassend zu, Jérôme Bonaparte,
Joachim Murat.

Das Jubeln sollte den Merseburger aber alsbald vergehen. Im Laufe des Nachmittags wurden achtzehntausend Franzosen, dreimal so viel, wie die Stadt Einwohner zählte, in Merseburg einquartiert. Nicht selten kampierten dreißig, vierzig, fünfzig Soldaten in einem Haus, führten sich selbstverständlich wie Sieger auf. Dreißigtausend Franzosen lagerten in den umliegenden Dörfern. Und unablässig drängten Heerscharen durchs Sixtitor herein, die engen, verwinkelten Straßen verstopfend, und irgendwann zum Klausentor wieder hinaus. Eine Heimsuchung.

Napoleon selbst nahm samt Gefolge Quartier im Schloß. Allein dreizehn Köche standen bereit, ihm zu Diensten zu sein. Die Oberen von Stadt und Stift hofften im Schloßhof auf eine Audienz. Der Imperator studierte jedoch bis tief in die Nacht Aufmarschkarten, und am Morgen ritt er, ohne Merseburg noch eines Blikkes zu würdigen, weiter nach Halle.

Sein Bruder Jérôme sollte in drei Jahren, als König von Westfalen, noch einmal nach Merseburg kommen. Da hatte sich Sachsen mittlerweile auch offiziell mit den Franzosen verbündet.

Schwer zu sagen, was man in Merseburg vier weitere Jahre darauf dachte, als der Kanonendonner von der Völkerschlacht bei Leipzig herantoste. Nun kämpfen und verloren die Sachsen ja an der Seite der scheinbar unbesiegbaren Eroberer. Die Quittung für all dieses Paktieren präsentierte dann im Jahre 1815 der Wiener Kongreß: Das Hochstift Merseburg wurde geteilt, die westlichen Gebiete mit der Stadt Merseburg dem Königreich Preußen zugeschlagen. Reichlich Anlaß zum Jubeln und Jammern.

Büste Kleist v. Nollendorfs von Chr. Rauch

geboren am 9.4.1762 in Berlin als Friedrich Heinrich
Ferdinand Emil von Kleist, dient von 1792–96 als
Hauptmann im preussischen Generalstab und von 1803–07
als Generaladjutant, 1809 Stadtkommandant von Berlin,
kämpft ab 1812 im Yorckschen Korps, wird
Korpskommandeur, entscheidet 1813 die Schlacht von Kulm
nach einem Überraschungsangriff von Nollendorf aus
zugunsten der Preußen, wird dafür mit dem Titel Graf von
Nollendorf geehrt, hat wesentlichen Anteil am Sieg der
Allierten von Laon am 8./9.3.1814, wird 1815 erster
kommandierender General des Generalgouvernements der
preussischen Provinz Sachsen in Merseburg und 1821 zum
Generalfeldmarschall ernannt, erster Ehrenbürger der Stadt
Merseburg, stirbt am 17.2.1823 in Berlin.

Kleist von Nollendorf

Erfreulich ist's, wenn viele Kräfte
Ein glückverheissend Ziel verband,
Wenn sich zu löblichem Geschäfte
Das Einzelne zusammenfand;
Doch selten mag der Mensch hienieden
Des dauerhaften Glücks sich freun.
Das, was sich einte, muss geschieden,
Was sich getrennt, verbunden seyn.

Wie aber, wenn aus uns'rer Mitte,
Von Wunsch und Bitten nicht gerührt,
Mit unverhofftem, raschen Schritte,
Das Schicksal einen EDELN führt,
Der lange schützend bei uns weilte,
Der theilend jedes Glück gemehrt,
Und liebreich unsre Schmerzen heilte,
Und leider gern in Wohl gekehrt?

Des trifft uns jetzt! Wir sehn mit Trauer,
Mit tief verwundetem Gemüth,
Wie aus der Stadt verwaisten Mauern,
Der freundliche Beschützer zieht,
Kaum sind dem Sturme wir entronnen,
Der lang mit wildem Grimm geweht,
Als uns die mildeste der Sonnen
Nach kurzem Schimmer untergeht.

Diese Verse wurden *SR. Excellenz, dem K. P. General-Feldmarschall,*

Herrn Grafen Kleist von Nollendorf am Tage seiner Abreise ehrfurchtsvoll dargebracht von sämmtlichen Communen der Stadt Merseburg und deren Vorgesetzten. Das war im Jahre 1821, am 8. Juni 1821, abends 8 Uhr.

Fast auf den Tag genau vor sechs Jahren, am 5. Juni 1815, wurde im Zuge der vom Wiener Kongreß beschlossenen Gebietsveränderungen im bislang sächsischen Merseburg ein preußisches Generalgouvernement eingerichtet. Als Kommandant zog der durch seine Verdienste in den Befreiungskriegen zum Grafen erhobene General Kleist von Nollendorf ins Merseburger Schloß ein.

Nur wenige Tage später, am 23. Juni 1815, kam Friedrich Wilhelm III., König aller Preußen und somit nun also auch der Merseburger, in die alte Stadt an der Saale. Angesichts von Dom und Schloß, mitten auf der Neumarktbrücke, überbrachte ihm ein Bote die Nachricht vom grandiosen Sieg über Napoleon bei Waterloo. Ein Omen? Beflissene Beamte tauften die Brücke später Waterloo-Brücke. Kein gebürtiger Merseburger aber würde die Neumarktbrücke, im Volksmund auch Dachbrücke genannt, wohl jemals als Waterloo-Brücke bezeichnen.

Anfang August 1815 hatten die Merseburger zu diversen Huldigungszeremonien anzutreten, wozu die Preußen eigens einen sogenannten Huldigungskommissar, einen Herrn von der Reck, einsetzten. Mitte August marschierten eintausend Merseburger Kinder zum Schloß und überbrachten Herrn von der Reck einen silbernen Huldigungskranz für den König. An den Merseburger Stadttoren wurde der Preußenadler abgebracht. Und im März 1816 avancierte Merseburg sogar zum Sitz einer Bezirksregierung, wurde Hauptstadt des gleichnamigen Regierungsbezirks der preußischen Provinz Sachsen. Die Merseburger schienen sich jedoch recht schwer zu tun mit der neuen Herrschaft, den Feinden von gestern. Der alteingesessene Pfarrer der Maximi-Gemeinde, Senior Heydenreich, meinte, die preußischen Beamten kämen mit nichts als einer märkischen Streusandbüchse und gingen mit einer kompletten Wohnungseinrichtung.

Wohl klang von hier zur fernsten Grenze
Der Jubelruf: Wir sind befreit!
Und wie nach angebrochnem Lenze
Sich fröhlich das Gefild erneut,
Und alle trüben Wolken schwinden:
So zog der Hoffnung holder Schein,
Bei des ersehnten Worts Verkünden,
In jede Brust erheiternd ein.

Da nahest DU, aus blut'gem Kriege,
Mit Lorbeern DEINE Stirn geschmückt,
Hier als zum Schauplatz schön'rer Siege,
Wo einzig DEINE Huld beglückt.
Hier stelltest DU des Königs Milde,
Der stets ein sanfter Herrscher war,
In immer gegenwärt'gem Bilde,
Des Vaterlandes Vater, dar.

Doch auch die aus alten preußischen Landen nach Merseburg versetzte Beamtenschar schien ihre Schwierigkeiten mit den Einheimischen zu haben. Immerhin äußerte der hiesige preußische Regierungspräsident von Schönburg im Juni 1817: *„Die Merseburger sind es nicht wert, was man preußischerseits für sie getan hat!"*

Tatsächlich erhielt Merseburg Straßenbeleuchtung, der Chausseebau nach Weißenfels und Halle wurde begonnen, ein Wehr aufgeschüttet und eine Schleuse gegraben, man füllte mit vom Sixtiberg abgetragenen Erdreich das Stadtviertel um den Roßmarkt auf, errichtete hier eine neue Wache, überhaupt wurde das Polizeiwesen neu geordnet, das Schulwesen reformiert und eine einheitliche Steuer eingeführt, man baute ein neues Gesellschaftshaus, die Ressource, riß die alten Stadttore, trotz der daran angebrachten Preußenadler, nach und nach ab, stellte preußische Postmeilensäulen auf, richtete ein Waisenhaus für Kriegswaisen ein und hob die seit alters her geltenden Stadt- und Freihausgerichte auf, die traditionelle Merseburger Zeitung *Gespräch eines sächsischen Bauern und Soldaten* mußte ihr Erscheinen einstellen, eine preußische Garnison wurde eingelegt und ein Verwaltungsorgan für Servis- und Einquartierungsfragen gebildet... Tja, was eigentlich war in Merseburg schließlich noch so, wie es einst in Sachsen war? Der Untertanengeist?

Als dann im Jahre 1821 Kleist von Nollendorfs Beförderung zum Generalfeldmarschall und damit auch dessen Abberufung aus Merseburg amtlich wurde, faßten die Merseburger Ratsmitglieder den Beschluß ihn zum ersten Ehrenbürger der Stadt zu ernennen. Natürlich, man wollte endlich und eindrucksvoll demonstrieren, daß man die Leistungen der neuen Herrschaft sehr wohl zu wertschätzen wußte, mitnichten noch an Altem hing. Willkommener Anlaß: Kleist von Nollendorf, er lebe hoch!

Was nur ein feindliches Verhängnis
Uns immer Bitt'res zugetheilt,
Jedwede Wunde und Bedrängniss
Hast DU gemildert und geheilt,
Und Alle, die in Sorge kamen,
Sie sollten nicht mehr traurig seyn,
Du schriebst den allverehrten Namen
In tausend Seelen segnend ein.

DU scheidest jetzt! Wohlan, so bringen
Wir DIR ein innig Lebehoch!
Mag es auch laut zum Himmel dringen,
Bleibt es ein schwacher Zeuge doch,
Wie unser Herz mit sicherm Bande
DEIN Angedenken fest umschliesst,
Und in dem weiten Sachsenlande
sich ein Gefühl für DICH ergiesst.

Offenbar rechtfertigte das Wesen Kleist von Nollendorfs, seine Feinfühligkeit und Vermittlungsbereitschaft, die Ehrung aber durchaus. Neben diesem Gedicht und dem Ehrenbürgerbrief überbrachten die Merseburger Bürgervertreter ihm anläßlich seines Abschieds noch einen silbernen Becher und veranstalteten einen großen Fackelzug. Und zuguterletzt gab der Merseburger Rat beim berühmten Bildhauer Christian Rauch noch eine Porträt-büste Kleist von Nollendorfs in Auftrag, die 1825 in der Werner-Steffenschen Werkstatt gegossen und 1826 im Merseburger Schloßgarten aufgestellt wurde.

Nicht uninteressant das weitere Schicksal dieser Bronzebüste: 1945 von eifernden Kommunisten vom Sockel gestoßen, konnte sie von Heimatfreunden gerettet und 1963 stillschweigend wieder aufgestellt werden. 1991 aber, in der Nacht nachdem man auch in Merseburg das Lenin-Denkmal als letztes Symbol eines zusammengebrochenen Machtsystems von seinem Standort am Gotthardteich abtransportiert hatte, wurde das Kleist-von-Nollen-dorf-Denkmal im Schloßgarten zerstört, die Büste geraubt. Zum Glück von Dilettanten, die offenbar glaubten, der Verdacht falle automatisch auf die linke Protestszene. Und tatsächlich waren derartige Verdächtigungen dann in der Boulevardpresse zu lesen, die Kleist-von-Nollendorf-Büste konnte jedoch in Dortmund sicher-gestellt werden.

So walte denn des Himmels Güte
Mild über DIR und DEINEM Haus!
Sie schütte jede holde Blüte
Auf DEINE Pfade liebend aus!
Uns stärkt die Hoffnung bessrer Zeiten
Die uns kein Missgeschick entreisst;
DICH aber soll der Ruf begleiten:
Lang leb' und glücklich, VATER KLEIST!

Karl Friedrich Schinkel

geboren am 13.3.1781 in Neuruppin, beginnt als
Achtzehnjähriger eine Lehre beim Baumeister David Gilly,
weilt von 1803–05 in Italien, beschäftigt sich intensiv mit
Malerei, schafft Architekturlandschaften, Dioramen,
Panoramen und Bühnenbilder, wird 1810
königlich-preußischer Oberbauassessor, leitet den Umbau
des Berliner Domes 1816–21, baut 1817/18 die Neue
Wache in Berlin, 1819–21 das Berliner Schauspielhaus,
1821–31 die Werdersche Kirche, 1830–37 die Nikolaikirche
in Potsdam u.v.a.m., als sein Hauptwerk gilt das 1830
vollendete Alte Museum am Berliner Lustgarten, studiert
1826 in Frankreich und England moderne
Baukonstruktionen, entwirft danach auch Zweck- und
Industriebauten, stirbt am 9.10.1841 in Berlin.

Karl Friedrich Schinkel

Gebaut hat Karl Friedrich Schinkel in Merseburg leider nicht,
doch weilte er in seiner Eigenschaft als Oberbaudirektor und
Leiter der preußischen Oberbaudeputation vom 8. bis 10. Juli
1833 in der Hauptstadt des preußischen Regierungsbezirkes
Merseburg. Schon während der Anreise schien er von der alten
Dom- und Schloßstadt einen guten Eindruck gewonnen zu haben.
Er notierte in sein Tagebuch:

*Chaussee vor Halle und von Halle nach Merseburg und jenseits
nach Naumburg. Besonders die erste Strecke ist in vorzüglich
schönem, alle in einem recht guten Zustande. Die neuerdings
glückliche Auffindung eines vorzüglichen Materials, des Knollen-
steins auf dem Galgenberge bei Halle, wird den Chausseen um diesen Ort sehr zugute kommen. Die Chausseewärter habe ich hier besonders tätig und immer auf dem Platze gefunden. Ein vielleicht
scheinbar zu großer Aufwand für's Ästhetische, indem längs der
Chaussee zwischen den Obstbäumen einzelne Blumensträuche ge-
pflanzt sind, die nicht so eng stehen, um den Luftzug und den Wasser-
ablauf zu hindern, dem Ganzen aber einen heitern gartenartigen Anblick
gewähren, indem sich hier und da Sitze unter Lauben anschließen...*

Und Karl Friedrich Schinkels ausgeprägter Sinn für's Ästhetische wurde offenkundig auch während seiner Inspektion
Merseburger Bauwerke angesprochen. Er wußte Bemühungen,
Althergebrachtes bestmöglich zu erhalten, verständnisvoll zu
würdigen:

*Die restaurierte Kirche in der Vorstadt Neumarkt bei Merse-
burg... zeigt noch einige interessante Details, welche durch die
freundlichere Umgebung kleiner Gartenanlagen, die das Äußere
nach der Restauration gewonnen hat, recht angenehm hervor-
treten. Das Innere, für den jetzigen Gebrauch ganz zweckmäßig*

eingerichtet, mußte bei der Restauration notwendig in ästhetischer Hinsicht verlieren, weil die seit dem Erbau der Kirche stattgefundene bedeutende Erhöhung des Saalbettes auch eine Erhöhung des Fußbodens der Kirche forderte, um das Eintreten des Grundwassers in den Kirchenraum fernerhin zu vermeiden. Hierdurch wurden die Basen der freien Säulen verschüttet, das eine noch vorhandene niedrige Seitenschiff, seiner Höhe nach nicht mehr praktikabel, mußte abgetragen und hier die freien Säulen, wie es gegenüber früher schon geschehen war, in die neue Ausfüllung der Arkaden in der Seitenwand eingemauert werden. Ein alter Taufstein aus der Zeit des Erbaues der Kirche hätte füglich in seiner alten Nische, die jetzt zur Sakristei umgestaltet ist, verbleiben können. Man hat ihn aber jetzt in der Vorhalle des Doms als ein Altertum aufgestellt.

Und noch ein weiteres Merseburger Gebäude fand im Sommer 1833 das ausgesprochene Interesse Karl Friedrich Schinkels:

Der Salon im Schloßgarten von Merseburg. Dieses Gebäude enthält viele große Räume, die für Theater, Konzerte, Feste und Landtags-Versammlungen gebraucht werden. Die Dachkonstruktion ist über dem sehr tiefen großen Hauptsaal so fehlerhaft angeordnet, daß eiligst zu einer Sicherung geschritten werden muß, weil der Schub der Sparren, die nicht auf durchgehenden Balken stehen, die Frontwand bedeutend herausgedrückt hat, so daß diese über 8 Zoll nach außen überhängt. Das Schieferdach über dem ganzen Gebäude ist stellenweise auszubessern, weil der Regen in verschiedenen Orten eindringt und die Zimmerdecken beschädigt. Die Regierungsräte Pfeiffer und Haupt waren bei der Besichtigung zugegen und die Maßregeln zur Abhilfe wurden mit ihnen gemeinschaftlich festgestellt...

Diese protokollartigen Vermerke Karl Friedrich Schinkels scheinen für den Merseburger Schloßgartensalon alsbald von großer Bedeutung gewesen zu sein, beantragte im Jahr darauf doch der preußische Staatsminister von Maaßen, dieses Bauwerk abreißen zu lassen. Friedrich Wilhelm III. entschied schließlich jedoch am 31. Oktober 1834 persönlich, daß diesem Antrag nicht stattgegeben wird, der Merseburger Schloßgartensalon zu erhalten sei. Schwer zu sagen, ob sich Majestät bei dieser Entscheidung des 20. September 1817, des großen Huldigungsballes im festlich illuminierten Merseburger Schloßgartensalon erinnerte oder ob hierbei das Gutachten des großen königlich-preußischen Baumeisters Schinkel den Ausschlag gab. Es könnte sein, daß Karl Friedrich Schinkel zwar nie in Merseburg baute, ihm die Stadt aber dennoch eines ihrer schönsten Gebäude verdankt.

F. L. Jahn

geboren am 11.8.1778 in Lenzen/Priegnitz, studiert in Halle,
Jena und Greifswald, Dr. phil., ab 1809 Lehrer in Berlin,
begründet die Turnbewegung als Mittel der Erziehung zum
Patriotismus, richtet 1811 in der Berliner Hasenheide den
ersten Turnplatz Deutschlands ein, vertritt die nationale
Einheit, 1813 Bataillionskommandeur in der Lützowschen
Freischar, nach der sogenannten Turnfehde 1819 des
Hochverrats angeklagt, Haft in Kolberg, 1825 nach
Freyburg/Unstrut entlassen, 1828–1836 Verbannung nach
Kölleda, 1840 durch Friedrich Wilhelm IV. rehabilitiert,
1848 in die Frankfurter Nationalversammlung gewählt, stirbt
am 15.10.1852 in Freyburg; schrieb u.a. „Deutsches
Volkstum" (1810) und mit E.Eiselen „Die deutsche
Turnkunst" (1816).

Friedrich Ludwig Jahn

Nur unter Berücksichtigung strengster Auflagen durfte sich
Friedrich Ludwig Jahn nach fünfeinhalb Jahren Haft einen neuen
Aufenthaltsort wählen. Seiner Ankunft im Regierungsbezirk
Merseburg ging ein Schreiben des preußischen Innenministe-
riums an die hiesigen Behörden voraus:

*Daß der, wegen Verdachts unehrerbiethigen und frechen Tadels
der bestehenden Verfassung und Einrichtungen im Staate in Untersuchung befindlich gewesene, Doctor philosphia F. L. Jahn, nach
seiner nunmehr erfolgten Freilassung sich weder in Berlin und einem
Umkreise von zehn Meilen, noch in einer Universitäts- oder Gymna-
sialstadt aufhalten darf, und daß er da, wo er seinen Wohnsitz künftig
wählt, unter polizeilicher Aufsicht verbleiben soll!*

Nichtsdestotrotz schien der für Jahns Wahlheimat Freyburg
zuständige Landrat Schlimmes zu befürchten. Würde das beschau-
liche Winzerstädtchen nicht zum Sammlungsort umstürzle-
rischer Turner werden, die Gegend durch Turnplätze nicht alsbald in Unruhe kommen? Da Jahns Aufenthalt in Freyburg aber
offenbar nicht zu verhindern war, versuchte Landrat Dankel-
mann zumindest jegliche Verantwortung für derartige Entwicklungen von sich zu weisen. Dem Merseburger Regierungspräsidenten erklärte er, daß *der p. Jahn sicherm Vernehmen nach sich
mit einem langen bis über die Brust herabhängenden Barte dort öffentlich zeigen soll. Da er sonach in seinem Äußern auffallen will, so
dürfte es kaum zu erwarten seyn, daß er seine sonstigen* Grundsätze
nach den gemachten Erfahrungen modificiert haben dürfte.

Dem Turnvater Jahn aber schien die Lust am Turnen gründlich abhanden gekommen zu sein. So argwöhnisch er auch beob-
achtet wurde, konnte der Freyburger Stadtrat an den Querfurter
Landrat und dieser an den Merseburger Regierungspräsidenten

stets nur melden, daß sich Friedrich Ludwig Jahn ruhig und unverdächtig hielt, und keinen Umgang, auch nicht mit Schülern und Studenten, pflegte. Nicht verwunderlich eigentlich, wußte man, daß dem einstigen Aufrührer Jahn eine stattliche Staatspension zugebilligt worden war; im Falle des Wohlverhaltens, versteht sich. Drei Jahre lang arbeitete Friedrich Ludwig Jahn zurückgezogen an Manuskripten, und selbst was er unter dem Pseudonym T.V. Schweigenberger in verschiedenen Zeitschriften veröffentlichte, blieb stets moderat. Nomen est omen. 1828 dann hatten Jahn mißgesonnene Provinzler dennoch eine Handhabe gefunden, erneut gegen den Turnvater vorzugehen.

Am Merseburger Domgymnasium waren konspirative burschenschaftliche Verbindungen entdeckt worden. Der Rektor, Professor Wieck, leitete umgehend eine Untersuchung ein, in derem Ergebnis die Merseburger Regierung dem Magdeburger Provinzialschulkollegium mitteilte: *Es ist zu unserer Kenntnis gekommen, daß in dem hiesigen und dem Gymnasio in Zeitz die Schüler sich in unerlaubte Verbindungen eingelassen haben, wobei der zu Freyburg wohnende Professor Jahn mitbetheiligt sein soll.* Keine Fakten, geschweige denn Details, Vermutungen genügten, den preußischen Beamtenapparat in Bewegung zu setzen.

Zum wichtigen Indiz für eine Verstrickung Jahns in die burschenschaftlichen Bestrebungen wurde ein Besucherbuch der Freyburger Neuenburg. Ein Merseburger Regierungsrat glaubte anhand der Eintragungen nachweisen zu können, daß sich in letzter Zeit mehr Gymnasiasten als sonst in der Nähe Jahns aufhielten: *Die Zahl ist zwar nicht sehr hoch, aber auch nicht unbedeutend, und scheint mir daraus wenigstens zu folgern, daß der Jahn nach Freyburg nicht paßt.* Darum ging es also.

Weitere Indizien sollten sich finden lassen, der Akt schwoll an. Und schließlich hielt die Merseburger Regierung *die Entfernung des Dr. Jahn aus Freyburg und überhaupt aus dieser Gegend für sehr wünschenswert*; das Unterrichtsministerium befürwortete, das Innenministerium entschied in diesem Sinne. Binnen acht Tagen hatte sich Friedrich Ludwig Jahn bei bis zum Umzug verfügter Einstellung der Pensionszahlungen einen neuen und endlich gebührend weit von Universitäten und Gymnasien entfernten Wohnort zu suchen.

Nach diesem, ihn offenbar völlig überraschenden Bescheid schien Friedrich Ludwig Jahn fünf Tage lang ratlos. Dann schrieb er am 20. Oktober 1828 einen Brief an den König von Preußen, Friedrich Wilhelm III.:

Ew.Königlicher Majestät unterwinde ich mich in aller Ehrfurcht untertänigst vorzustellen, wie so ganz plötzlich gegen mich eine neue Verfolgung begonnen, von deren Härte die anliegende Abschrift eines Erlasses der Regierung zu Merseburg das schonungsloses Verfahren bekundet. In den drei Jahren meines Aufenthaltes zu Freyburg habe ich mich in stiller Abgeschiedenheit mit den Wissenschaften, vorzüglich mit der Geschichte des 30-jährigen Krieges, beschäftigt. Umgang und Gesellschaft habe ich möglichst vermieden, sogar den Besuch der benachbarten Städte. Wo es sich nur ehrenhalber tun ließ, habe ich jede Einladung ausgeschlagen. In dem Zeitraum, daß ich hier, sozusagen unter den Augen des Oberlandesgerichts zu Naumburg und der Regierung zu Merseburg, lebe, habe ich von keiner Polizeibehörde, weder der unteren, noch der mittleren, auch nicht der höheren und höchsten, irgendeine Verwarnung noch Weisung bekommen. Und ich bin überzeugt, daß man mir hier im Neupreußischen nächstens schuld gibt: zu preußisch und zu evangelisch zu sein. Mit dieser Anklage nahe ich mich getrosten Mutes und voll kindlichen Vertrauens Ew.Majestät geheiligtem Thron. Gänzlich von aller Ahnung verlassen, was für Gebilde der Einbildungskraft wieder meine Verfolger umgaukeln, bitte ich Ew.Majestät um gerichtliche Untersuchung vor meiner befugten Behörde, und bis darüber alsdann an Ew.Kgl.Majestät Bericht erstattet werden, um Schutz gegen polizeiliche Gewalttätigkeit. Wie kann ich Armer, durch Unglücksfälle aller Art Zurückgekommener, ohne Geld in die Welt verstoßen, mir so plötzlich im Winter eine neue Wohnung suchen. Die Winterwohnungen sind nunmehr vermietet, die Sommerwohnungen nicht plötzlich einzurichten. Aufs Geratewohl kann ich doch unmöglich mit Frau und Kindern beim herannahenden Winter eine Irrfahrt antreten. Die neue Verfolgung kam mir umso ungelegener, da ich eben im Begriffe stand, Ew.Kgl.Majestät um die Erlaubnis untertänigst

zu bitten: „im künftigen Jahr zur Erforschung der Geschichts-
quellen des 30-jährigen Krieges eine wissenschaftliche Reise nach
Schweden mit Beibehaltung meines preußischen Untertanen-
rechts und im Genuß meiner Pension zu unternehmen". Jetzt wa-
ge ich darauf nicht anzufragen, bevor meine Reinigung vom Ver-
dacht nicht durch das behördliche Gericht erfolgt ist. Nie habe ich
geglaubt, daß E.K.M. die Meinung meiner Feinde teilen. Sollten
E.K.M. mich aber für keinen guten Untertanen halten, so würde
ich mit Betrübnis in aller Untertanentreue, mit namenlosem
Schmerz, aus inniger Liebe, lieber mein Vaterland meiden, als zu
neuen Befürchtungen durch mein bloßes Dasein Gelegenheit geben.
Ich ersterbe mit aller Ehrfurcht, was ich von Kindesbeinen geblieben
E.M. treugehorsamster F.L.J.

Tatsächlich schien Friedrich Wilhelm III. anfangs angetan von
solch rührigem Untertanengeist. Sein Innenminister vermochte
ihn jedoch unschwer von der Unfehlbarkeit preußischer Behörden
und somit von Jahns Schuld zu überzeugen. Nun blieb Friedrich
Ludwig Jahn nur noch sich in Kölleda, fernab jeden Geistes-
lebens, einzurichten. Noch einmal versuchte er aus dieser Verbannung auszubrechen, wandte sich an den im Jahre 1829 in
Merseburg tagenden ·3. Provinziallandtag. Das Gesuch wurde
aber als Beleidigung des preußischen Innnenministers sowie der
Merseburger Regierung aufgefaßt, und Friedrich Ludwig Jahn
wurde vom Oberlandesgericht Naumburg zu sechs Wochen Haft
verurteilt, die er zu allem Überdruß in Erfurt auch absitzen
mußte.

Wie trostlos muß ihm sein weiteres Dasein in Kölleda dann
vorgekommen sein! 1833 bat Friedrich Ludwig Jahn den Merseburger Regierungspräsidenten von Rochow um eine Unter-
redung. Und nun versuchte er sein Los nicht mehr durch Be-
schwerden über Behördenwillkür zu wenden, sondern denunzierte
Leute, die in ihm womöglich noch immer achtungsvoll den uner-
schrockenen Vorturner sahen. In Wirtshäusern und Herbergen
sollte laut Jahns Angaben zunehmend Lied- und Gedankengut
der französischen Revolution Verbreitung finden. Zur Unterbin-
dung dieser angeblichen Umtriebe schlug er vor, die preußische

Westgrenze zu sperren, Gepäck und Pässe von Reisenden peinlich genau zu kontrollieren und preußischen Studenten künftig ein Studium an ausländischen Universitäten zu verbieten. Obendrein warnte er davor, während der bevorstehenden Herbstmanöver Truppen aus den umliegenden Garnisonen abzuziehen. Aufwiegler könnten dies zur Anzettelung von Krawallen nutzen!

Solcherart Gesinnung schien das Denken und Handeln Friedrich Ludwig Jahns mehr und mehr zu bestimmen. 1834 teilte der neue Merseburger Regierungspräsident dem inzwischen zum Innenminister avancierten von Rochow mit: *Ew.Exzellenz werden es nicht für übertrieben erachten, wenn wir nach den Erfahrungen der letzten Zeit den Jahn für einen guten Patrioten, ja gewissermaßen für einen Mann von guten Gesinnungen erachten.* 1836 durfte Friedrich Ludwig Jahn dann seinen Verbannungsort Kölleda endlich wieder verlassen. Vor die Wahl gestellt, ob er künftig in Schafstädt, Schilda, Schkeuditz, Freyburg oder Lützen wohnen wolle, entschied er sich wieder für Freyburg. Und selbst die offizielle Einweihung des ersten Merseburger Turnplatzes vermochte ihn nicht anzulocken.

Erst nach seiner vollständigen Rehabilitierung im Jahre 1840 besuchte er auf Einladung des Lehrers Freyer einige Male den nach Aufhebung der preußischen Turnsperre auch am Merseburger Domgymnasium eingeführten Turnunterricht. Offenkundig wirkte der legendäre Turnvater auf Schüler noch immer stark motivierend. Ja, überhaupt schien der Mythos Jahn nun vielseitig nutzbar.

1848 wurde Friedrich Ludwig Jahn in Merseburg in die erste deutsche Nationalversammlung gewählt. *Es würde ein seltsames Licht auf den Wahlkreis werfen, in dem Jahn seit mehr als 20 Jahren lebt, wenn sie einen Mann nicht berücksichtigten, der nicht nur einen Deutschen, sondern Europäischen Namen hat, und auch außerhalb Europas bekannt ist...*, stand im Merseburger Kreisblatt zu lesen. Die Besinnung auf den Nationalisten Jahn kam jedoch viel zu spät. Längst vertrat der greise Turnvater keine fortschrittlichen Positionen mehr, sondern stimmte in Frankfurt ein ums andere Mal für die Interessen der Monarchie.

C. A. v. Basedow

geboren am 28.3.1799 in Dessau, absolviert das dortige
Gymnasium, studiert in Halle und Paris Medizin, promoviert
1821, erhält 1822 die Approbation als praktischer Arzt,
Operateur und Geburtshelfer und läßt sich in Merseburg
nieder, publiziert in medizinischen Fachblättern, wird 1835
auswärtiges Mitglied der Gesellschaft für praktische Medizin
zu Berlin und 1838 Mitglied der Medizinischen Gesellschaft
zu Leipzig, beschreibt 1840 erstmals die als Merseburger
Trias bekanntgewordenen Symptome der später nach ihm
benannten Schilddrüsenerkrankung, wird 1841 zum
Sanitätsrat und 1848 zum Merseburger Kreisarzt ernannt,
stirbt am 11.4.1854 in Merseburg.

Carl Adolph von Basedow

Merseburg, was mochte den jungen, aufstrebenden Arzt Carl Adolph von Basedow bewogen haben, sich in Merseburg niederzulassen? Humanistisch erzogen wurde er in Dessau, immerhin war sein Großvater der weithin geachtete Schulreformator und Gründer des Dessauer Philanthropins Johann Bernhard Basedow. Studiert hatte Carl Adolph von Basedow sogar in Paris. Und seine Braut Luise Friederike Scheuffelhuth stammte aus Halle. Merseburg aber war seit kurzem Provinzialhauptstadt, Sitz diverser preußischer Behörden. Merseburg prosperierte.

Carl Adolph von Basedow bevorzugte jedoch keineswegs die Reichen und Mächtigen der Stadt, Dr. Basedow war für jedermann da, der seine Hilfe suchte, tagein, tagaus. Ungemein stieg sein Ansehen, als er die vermeintlich unheilbare Tochter des Kollegen Dr. Niemann erfolgreich operierte. Und ständig bemühte er sich, sein Wissen und Können zu vervollkommnen. 1830 fuhr er nach Magdeburg, half dort vor Ort bei der Bekämpfung der ausgebrochenen Cholera-Epidemie. Die dabei gewonnenen Erfahrungen sollten den Merseburgern alsbald zugute kommen. 1832 stellten Dr. Basedow und Dr. Wach bei der Sektion eines Leichnams auch in Merseburg asiatische Cholera fest. Einhundertdreißig Opfer sollte die Seuche hier fordern, wer aber weiß, wievielen Merseburgern Carl Adolph von Basedow durch Sachkundigkeit und unverzüglich eingeleitete Maßnahmen das Leben rettete!

Unermüdlich arbeitete Dr. Basedow, schrieb auch immer wieder vielbeachtete Artikel für *Caspars Wochenschrift für die gesamte Heilkunde*. In seinem Haus in der Burgstraße, gegenüber der Stadtapotheke, dürften oft bis tief in die Nacht Kerzen gebrannt haben. Entspannung fand er, sobald es sein Tagwerk zuließ, in der unberührten Natur rings um Merseburg. Gern spazierte er mit Frau und Kindern durch die Aue, zog zuweilen auch zur Jagd. Und eine besondere Vorliebe entwickelte er für's Angeln. Stundenlang vermochte er in aller Abgeschiedenheit an den Ufern der Luppe, Elster oder Alten Saale zu hocken und sich auf Kommendes zu konzentrieren.

1840 dann gelang es Carl Adolph von Basedow die Symptome einer ihn schon längere Zeit beschäftigenden Erkrankung zu beschreiben: Glotzäugigkeit, Kropf, beschleunigter Puls, fortan als Merseburger Trias bezeichnet. Obwohl Carl Adolph von Basedow die Ursachen dieser Schilddrüsenüberfunktion noch nicht zu erkennen vermochte, sprach man in Würdigung seiner Leistung alsbald von der Basedowschen Krankheit.

Kaum von geringerer Bedeutung war seinerzeit auch eine andere, nun so gut wie vergessene Beobachtung des Merseburger Doktors Basedow. Der Mode entsprechend tünchten viele und zumeist ärmere Leute ihre Stuben mit sogenanntem Schweinfurter Grün. Carl Adolph von Basedow erkannte, daß dies im ureigensten Wortsinn ein giftgrüner Anstrich war, diese allseits verwandte Zimmerfarbe hochgiftiges Arsenik enthielt und deren Ausdünstungen bis dahin rätselhafte, nicht selten tödlich verlaufende Krankheiten verursachten. Eine für unzählige Menschen wahrhaft lebensrettende Entdeckung! Nach hartnäckiger Intervention bei staatlichen Stellen erreichte Carl Adolph von Basedow schließlich das Verbot Schweinfurter Grüns.

1841 brachte sich Dr. Basedow auf ganz andere Art in den Mittelpunkt öffentlichen Interesses. Er inserierte in den *Merseburgischen Blättern*, daß er demjenigen 1 Taler Belohnung zahle, der seine verlorenen chirurgischen Instrumente zurückbringe. Doch sicherlich tat dies seiner Popularität keinen Abbruch, im Gegenteil. Der überarbeitete Mediziner eben.

1846 untersuchte er mit dem Stadtapotheker Hahn die sogenannte Wunderquelle von Segel, konnte statt Heilsubstanzen aber nur eine ungewöhnliche Reinheit des Wassers feststellen. Doch offenbar wirkte allein schon der Name des Untersuchenden als Empfehlung. Beim nächsten Ausbruch der nur sporadisch sprudelnden Quelle wurde das Segeler Wasser fässerweise abgefahren.

In dieser Zeit war das Basedowsche Haus auch ein gesellschaftliches Zentrum Merseburgs. Stadtbekannt die Basedowschen Haustiere: Jagdhund, Kater, Kakadu, Rotkehlchen und Ziegenbock. Während Abendgesellschaften holte der Herr Sanitätsrat stets seine Geige, eine Amati, hervor und spielte, begleitet von seiner ältesten Tochter Hanni, für die Gäste auf. Beethoven mochte er besonders. Überhaupt war Carl Adolph von Basedow ein großer Musikliebhaber. Oft nutzte er einen Krankenbesuch in den Orten des Merseburger Landes, um den Dorfkirchen einen Besuch abzustatten, dort den Klängen der nicht selten kostbaren Orgelwerke zu lauschen. Und sein Schwager, der Dichter Müller, hatte ihn sogar in einem Lied verewigt: *Im Krug zum grünen Kranze, da kehrt' ich lustig ein...*, bezieht sich auf Carl Adolph von Basedow.

1848 wurde Dr. Basedow zum Kreisarzt berufen, eine Aufgabe die er nach bestandener Zusatzprüfung de facto bereits seit 1834 erfüllte, und bezog mit seiner Familie ein Haus am Merseburger Roßmarkt. Über zu geringe Anforderungen konnte sich der neue Kreisphysikus gewiß nicht beklagen. Noch im Laufe des Jahres war das altehrwürdige Andreasheim als städtisches Krankenhaus herzurichten. Mit welchen Problemen sich Carl Adolph von Basedow dabei herumzuschlagen hatte, mag ein Paragraph aus den *Verhaltensregeln für sämmtliche Kranken im Krankenhause* vom 1. Oktober 1848 andeuten:

Da es jedem Kranken wohltätig ist, in einem reinlichen Zimmer zu sein, so muß sich jeder in Acht nehmen, die Wände und sämmtliche Geräte in den Zimmern zu beschädigen oder zu besudeln, den Fußboden zu bespucken, mit Schuhen auf seinem Bette zu liegen usw.

1849 grassierte in Merseburg wieder die Cholera. Von Juni bis Oktober waren zweihundert Opfer zu beklagen. Dr. Basedow verbot für dieses Jahr die Durchführung des beliebten und langsam zur Tradition werdenden, stets Anfang Juli gefeierten Merseburger Kinderfestes. Eine beachtliche Entscheidung. 1850 aber brach die Seuche erneut aus. Zwar gelang es die Epidemie nun schon nach drei Monaten einzudämmen, doch starben noch zwanzig

Mersebuger mehr als im Vorjahr. In diesem Jahr überstieg in Merseburg die Anzahl der Todesfälle die der Geburten bei weitem. Allerdings sollte dies die letzte schwere Epidemie in Merseburg gewesen sein.

Ein prominentes Opfer würde eine Seuchenkrankheit hier aber noch fordern. Im Frühjahr 1854, kurz nachdem Dr. Basedow in der Merseburger Oberburgstraße eine neue Praxis bezogen hatte, sezierte er in Runstädt einen an Typhus verstorbenen Holzwarenhändler aus dem Eichsfeld. Carl Adolph von Basedow infizierte sich und starb nur wenige Tage darauf, *fünfundfünfzig Jahr zwei Wochen alt*, wie sein Grabmal auf dem Merseburger Stadtgottesacker bekundet. Zahllose Merseburger gaben ihm die letzte Ehre, am Karfreitag, wahrlich ein Trauerzug. Im Merseburger Kreisblatt stand zu lesen: *Ach, sie haben einen braven Mann begraben und uns war er mehr!*

Jacob Grimm

geboren am 4.1.1785 in Hanau, ab 1796 Besuch des
Lyzeums in Kassel, ab 1802 Jurastudium in Marburg, Beginn
der Sammlung von Märchen, Sagen, Mythen usw., 1805
Mitarbeit im hessischen Kriegskollegium, 1808
Privatbibliothekar König Jérômes von Westfalen,
veröffentlicht 1811 „Über den altdeutschen Meistergesang",
1812–15 mit seinem Bruder Wilhelm „Kinder- und
Hausmärchen", 1814/15 als hessischer Legationssekretär
Teilnahme am Wiener Kongreß, 1816 Anstellung in der
Kasseler Bibliothek, begründet mit der „Deutschen
Grammatik" (1.Teil 1819) die deutsche Sprachwissenschaft,
1829 Professor an der Universität Göttingen, 1839 des
Landes verwiesen,in Kassel Beginn der Arbeit am
„Deutschen Wörterbuch", 1841 Übersiedlung nach Berlin,
Mitglied der Akademie der Wissenschaften, 1848/49
Mitglied des Frankfurter Parlaments,stirbt am 20.9.1863 in
Berlin.

Jacob Grimm

Jacob Grimm war wohl nie in Merseburg, dennoch verdankt ihm die alte Stadt an der Saale viel. Seine Erkenntnisse und seine Präsentation verbanden den Namen Merseburg fortan mit einzigartigen, in heidnischer Vorzeit wurzelnden Literaturdenkmalen altsächsicher/althochdeutscher Sprache, den Merseburger Zaubersprüchen.

Eiris sâzun idisi, sâzun hêra duoder.
suma hapt heptidun, suma heri lezidun,
suma clûbôdun umbi cuoniouuidi:
insprinc haptbandun, inuar uîgandun!
Einst setzten sich Idisen, setzten sich hierher...
Manche hefteten Haft, manche hemmten das Heer,
einige klaubten an den Kniefesseln:
Entspringe den Haftbanden, entfliehe den Feinden!

Im Jahre 1841 kam Dr. Georg Waitz auf einer Forschungsreise nach Merseburg. Er suchte für die Monumenta, eine vom Freiherrn vom Stein begründeten Sammlung deutscher Geschichtsquellen, nach brauchbaren Dokumenten. Die Merseburger Domstiftsbibliothek, höchstwahrscheinlich noch vor dem Merseburger Dombau, von Bischof Wigbert begründet, schien ihm offenbar ein geeigneter Ort für seine Forschungen. Und tatsächlich fand er im sechsten und letzten Teil einer als völlig bekannt geltenden, wohl im Kloster Fulda aufgezeichneten theologischen Sammelhandschrift ein Blatt, das seine höchste Aufmerksamkeit erregte. Über einem recht belanglosen Gebet entdeckte Dr. Waitz merkwürdige, stabreimende Beschwörungsformeln. Und obwohl kein Unbekannter mehr unter den Sprachforschern, hielt er diesen Fund für so außergewöhnlich, daß

er ihn nicht selbst zu analysieren wagte, sondern den berühmten
Jacob Grimm um die Auswertung bat.

Phol ende Uuôdan uuorun zi holza.
dû uuart demo Balderes uolon sîn uuoz birenkit.
thû biguol en Sinthgunt, Sunna era suister,
thû biguol en Friia, Uolla era suister;
thû biguol en Uuôdan sô hê uuola conda:
sôse bênrenkî, sôse bluotrenkî,
sôse lidirenkî:
bên zi bêna, bluot zi bluoda
lid zi geliden, sôse gelimida sîn!
Phol und Wodan ritten ins Holz.
Da ward dem Fohlen Balders sein Fuß verrenkt.
Da besprach ihn Sinthgunt [und] Sunna, ihre Schwester,
Da besprach ihn Frija [und] Volla, ihre Schwester,
Da besprach ihn Wodan, wie [nur] er es verstand:
Wie die Beinrenke, so die Blutrenke,
so die Gliedrenke:
Bein zu Beine, Blut zu Blute,
Glied zu Gliedern, als ob geleimt sie seien!

Jakob Grimm nutzte keinen geringeren Anlaß als seine Antritts-
rede vor der Berliner Akademie der Wissenschaften, um die Öffentlichkeit erstmals auf diese beiden, unlängst in Merseburg gefun-
denen Beschwörungsformeln, Merseburger Zaubersprüche eben,
aufmerksam zu machen. Am 3. Februar 1842 sagte er: *Indem ich*
mir überlege, welcher Gegenstand aus dem Bereiche meiner Arbeiten,
wenn ich zum erstenmal die Ehre hätte, vor dieser Versammlung zu
reden, würdig wäre, ihrer Nachsicht teilhaft zu werden, enthob mich
allen Zweifeln ein jüngst gemachter so überraschender Fund, daß
dessen ungesäumte mir anvertraute Bekanntmachung selbst dann
ihren Wert zu behaupten imstande sein wird, wenn die zuerst ange-
setzten Kräfte noch nicht hinreichen, sich seiner völlig zu bemäch-
tigen. Ich meine die Entdeckung zweier Gedichte, deren Abfassung
über die christliche Zeit unseres vaterländischen Altertums weg noch

in die heidnische zurückweicht. Von Umfang nur gering, scheinen sie durch erwünschtesten Aufschluß, den sie plötzlich über verdunkelte Lagen und Verhältnisse an Hand bieten, angestrengte Sorgfalt zu verdienen...

Ohne Zweifel legte Jacob Grimm mit dieser Rede die Grundlage für eine intensive und wohl längst nicht abgeschlossene, wissenschaftliche wie publizistische Beschäftigung mit den Merseburger Zaubersprüchen. Die Sprache der beiden Sprüche, von der Jacob Grimm sagte, daß sie gleichsam zwischen dem Altsächsischen und Althochdeutschen schwebe, gab reichlich Raum für Vermutungen, wo diese Beschwörungsformeln entstanden und wo sie aufgezeichnet worden. Ein Ort in der Nähe der einstigen niederdeutschen Sprachgrenze scheint wahrscheinlich. Warum also sollte Merseburg nicht zumindest als Ort der Niederschrift in Frage kommen? Als Zeitpunkt, wann ein Unbekannter heidnische Zaubersprüche in eine offenbar aus Fulda stammende Missionshandschrift nachträglich eintrug, wird mittlerweile recht einheitlich das 10. Jahrhundert vermutet. Warum dieser Unbekannte das tat, wird wahrscheinlich ewig ein Rätsel bleiben.

Entstanden sind die Merseburger Zaubersprüche mit Sicherheit jedoch Jahrhunderte zuvor. Dafür sprechen vor allem die höchst kunstvoll verwendeten stilistischen Mittel, Gleichlauf und Stabreim. Beim Hildebrandlied, Muspili und Heliand, die aus dem späten 8. und frühen 9. Jahrhundert stammen, scheinen diese stilistischen Mittel schon mehr oder weniger in Verfall. Wann also könnten die einzigartig kunstvollen Merseburger Zaubersprüche entstanden sein: vor 750, um 500, noch früher? Spekulationen reichen bis zur Zeitenwende zurück...

Und Vergleiche wurden sogar bis hin zu altägyptischen Bannsprüchen gesucht, Ähnlichkeiten zum altindischen Atharvaveda festgestellt, slawische und finnische Beschwörungsformeln miteinbezogen, Bezüge zu altnordischen Sagas wie zu dänischen und schwedischen Verrenkungssegen nachgewiesen, Verbindungslinien zu christlichem Sprach- und Gedankengut gezogen.

Nicht zu vergessen, den Gewinn für die nordische Mythologie.

Denn zumindest eine Gottheit, Sinthgunt, war den Mythologen bis zur Entdeckung der Merseburger Zaubersprüche schlichtweg unbekannt. Die anderen genannten Götter, Wodan, Sunna, Frija und Volla sowie auch die Idise gaben Anlaß zu interessanten Gegenüberstellungen, Balder und Phol reichlich Raum für phantasievolle Deutungen.

Jacob Grimm vergaß in seinem Vortrag natürlich nicht den Entdecker der Merseburger Zaubersprüche, Herrn Dr. Waitz, gebührend zu erwähnen, und er ging auch auf den Fundort ein: *Gelegen zwischen Leipzig, Halle, Jena ist die reichhaltige Bibliothek des Domkapitels zu Merseburg von Gelehrten oft besucht und genutzt worden. Alle sind vor einem Codex vorübergegangen, der ihnen, falls sie ihn näher zur Hand nahmen, nur bekannte kirchliche Stücke zu gewähren schien, jetzt aber nach seinem ganzen Inhalte gewürdigt, ein Kleinod bilden wird, welchem die berühmtesten Bibliotheken nichts an die Seite zu setzen haben.*

Wohl dem!

Heinrich Seffner

geboren am 16.11.1805 in Kösen, nach Militärdienst und
Studium Arbeit am Oberlandesgericht Naumburg, 1834
Magistratsassessor in Merseburg, ab 1841 Bürgermeister,
Verdienste um die Städtische Sparkasse und das
Krankenhaus, den Gewerbeverein, das Schulwesen, die
freiwillige Feuerwehr, die Sozialfürsorge, den Straßen- und
Eisenbahnbau u.v.m., 1869 war Merseburg dank seiner
Amtsführung schuldenfrei, schreibt die Bücher „Verwaltung
der Stadt Merseburg" (1863) und „Lebensskizze, für meine
Angehörigen und Freunde erzählt" (1883), wird 1876
pensioniert und zum Ehrenbürger Merseburgs ernannt, stirbt
am 19.1.1888 in Merseburg.

Heinrich Seffner

Wäre dem jungen, diensteifrigen Auskultutur Seffner prophezeit worden, daß er das Oberlandesgericht Naumburg, seine erste Arbeitsstelle, eines Tages als Angeklagter betreten würde, hätte das mit Sicherheit als guter Witz gegolten. Zum Lachen war dem wegen *aufrührerischer Reden* und *Teilnahme am Aufruhr* angeklagten Bürgermeister Seffner aber gewiß nicht zumute, als er gezwungenermaßen wieder das Haus betrat, in dem einst seine Karriere begann. Zur Last gelegt wurden ihm Ereignisse des Revolutionsjahres 1848 in Merseburg.

Schon bald nach seiner Wahl zum Bürgermeister hatte Heinrich Seffner ein erstes Mal für Aufsehen gesorgt. Im Oktober 1842 beantragte er, daß der Merseburger Magistrat künftig öffentlich tagen sollte. So etwas gab es weit und breit nicht, und prompt lehnte der Merseburger Regierungspräsident ab. Erst fünf Jahre später durften die Merseburger erfahren, wie in ihrem Rathaus Beschlüsse zustande kamen. Zuvor setzte Bürgermeister Seffner immerhin durch, daß der städtische Etat alljährlich gedruckt und so jedermann zugänglich wurde.

Nach der Mißernte des Jahres 1846 trieben Spekulanten die Getreidepreise in die Höhe. Bürgermeister Seffner ließ die Ausgaben für die Unterstützung der Stadtarmen daraufhin mehr als verdreifachen. Trotzdem kam es am 21. April 1847 in Merseburg zu Unruhen. Eine aufgebrachte Menge stürmte die Häuser Merseburger Getreidehändler, die auf den letzten Wochenmärkten allen noch angebotenen Roggen und Weizen aufgekauft hatten. Die Husaren rückten aus. Es gab Verwundete auf beiden Seiten. Neununddreißig Merseburger, darunter fünfzehn Frauen, wurden vom Oberlandesgericht Naumburg exemplarisch zu Gefängnis- und Zuchthaus-, und einige sogar zu Prügelstrafen verurteilt.

Im Frühjahr 1848 lief von Paris aus, wo es zum Sturz des Königs Louis-Philippe kam, eine Welle revolutionärer Empörung durch Europa; Ungarn, Polen, Italien. Und auch in Deutschland erhob man sich: in Baden und Württemberg, Hessen und Nassau, Bayern, Schlesien, Sachsen und am Rhein. Am 13. März, dem Tage des Wiener Aufstandes und fünf Tage vor den Berliner Barrikaden-kämpfen, mahnte der Merseburger Magistrat zu *Ruhe und Ordnung* und forderte *zum Schutze des Eigentums* zum Eintritt in die neugegründete Bürgerwehr auf. Schnell folgten eintausendfünf-hundert Merseburger diesem Aufruf, wurden mit Holzstöcken bewaffnet und weißen Armbinden uniformiert. Täglich trafen sich die Mitglieder der Merseburger Bürgerwehr zum Exerzieren auf dem Kinderplatz, am hinteren Gotthardtsteich oder im Bürger-garten. Nachdem am 15. April in der Oelgrube fast der Justiz-kommissar Klinkhardt gelyncht worden wäre, da er dem Flei-schermeister Peischel, der ihm zwei Reichstaler schuldete, die Nase abgesäbelt hatte, und die Volksmenge die Bürgerwehr beim Auseinanderprügeln der Ansammlung verhöhnte, wurden an die Abteilungen der Bürgerwehr am Tage darauf vierhundert Infanteriegewehre ausgegeben. Kommandant der Merseburger Bürgerwehr war Heinrich Seffner.

Am 8. Mai stellte sich Bürgermeister Seffner den Wahlen zur preußischen verfassunggebenden Versammlung als Kandidat der konstitutionellen Liberalen. Gewählt wurde auch für die Deut-sche Nationalversammlung, und schon die ersten Wahlkämpfe ließen an Schärfe und Peinlichkeiten nichts vermissen. So fühlte sich der Merseburger Kandidat Franke genötigt, zur Vertei-digung gegen gehässige Angriffe, *einige der Aussprüche des Herrn Justizkommissars Böhme* zu veröffentlichen: *1. Solange die Proletarier keinen Südsee-Tran saufen, ist die Not derselben nicht groß. 2. Um der steigenden Bevölkerung Einhalt zu tun, muß man das Heiraten beschränken und die Kinder der Armen in die Saale werfen.* Bieder hingegen die Wahlsprüche Heinrich Se-ffners, den seine Parteifreunde als *rüstigen Kämpfer für Einheit und Gleichheit aller vor dem Gesetz* anpriesen. Doch schließlich votierten mehr Wahlmänner für den Wünschendorfer Ortsrichter Neubarth, Bürgermeister Seffner wurde zu dessen Stellvertreter bestimmt.

Im Juni formierten sich tausende Merseburger zu einem Gedenkzug für die gefallenen Berliner Barrikadenkämpfer. Der Merseburger Magistrat lehnte es ab, geschlossen teilzunehmen, stellte es seinen einzelnen Mitgliedern aber frei, mitzumarschieren. Demonstration und Kundgebung verliefen ohne Zwischenfälle. Nachdem die Regierung beim Landrat jedoch *Schlaffheit* moniert hatte, kam es Tage darauf auf dem Kinderplatz zu Zusammenstößen zwischen Bürgern und Husaren. Ein Merseburger wurde schwer verletzt. Die Bürgerwehr hielt sich zurück.

Am 10. Juli rückten die Abteilungen der Bürgerwehr dann aber aus. Das neugewählte Oberhaupt eines zukünftigen und einheitlichen Deutschlands, der Reichsverweser Erzherzog Johann von Österreich, sollte auf seiner Fahrt zur Frankfurter Nationalversammlung auch durch Merseburg kommen! In Reih und Glied marschierte man zum Bahnhof, bildete auf dem Bahnsteig ein Spalier. Nachmittags um drei Uhr näßte ein Gewitter die Wartenden, um fünf Uhr eine Husche, doch tapfer stand man seinen Mann. Und endlich, Viertel nach sechs ertönte das Kommando: „Präsentiert das Gewehr!" Die Blaskapelle schrummte los, die Domglocken läuteten, und Heinrich Seffner begrüßte den Reichsverweser mit einem dreifachen: „Hurra! Hurra! Hurra!" Schon nach fünf Minuten fuhr Erzherzog Johann, die vorgebliche Hoffnung aller national gesinnten Deutschen, jedoch wieder davon.

In den folgenden Monaten wurden Angriffe gegen die zaghafte, im Frühling begonnene Demokratisierung immer häufiger und dreister. In Mücheln kam es daraufhin zu organisiertem, lautstarken Protest, in dessen Folge die dortige Bürgerwehr entwaffnet und über die Stadt der Belagerungszustand verhängt wurde. In Merseburg zelebrierte die Bürgerwehr im Beisein des Regierungspräsidenten und des Regimentskommandeurs der Husaren öffentlich die Weihe einer Bürgerwehrfahne, verwehrte Arbeitern, die sich zu einem Lanzierkorps zusammengeschlossen hatten, den Beitritt und trieb eine Protestversammlung auf dem Merseburger Markt auseinander, verhaftete Dr. Sachse, einen der Wortführer der Demokraten, der dann alsbald nach Amerika emigrieren sollte.

Umso erstaunlicher die Vorgänge des 14. November: Am Morgen passierten Truppentransporte aus Erfurt kommend die Stadt, und auch eine Schwadron Merseburger Husaren rückte aus, um den vor vier Tagen in Berlin vollzogenen Staatsstreich der Reaktion abzusichern und die preußische Nationalversammlung endgültig zu entmachten. Nicht nur in Berlin erkannte man, daß dies der Generalangriff auf demokratischen Ideen und Errungenschaften war. Hunderte Merseburger versammelten sich im Saal des Rathauses und forderten, daß ihre Bürgerwehr den Bahnhof besetze und weitere Truppentransporte nach Berlin verhindere. Bürgermeister Seffner versuchte die Erregung zu dämpfen, den Konflikt zwischen Nationalversammlung, der er als gewählter Stellvertreter eines Abgeordneten de facto auch angehörte, und preußischem Königshaus zu erläutern. Die ständig anwachsende Menge erklärte sich lautstark mit der preußischen Nationalversammlung solidarisch, ließ ihre Volksvertreter hochleben. Heinrich Seffner, in der Klemme zwischen seinen Ämtern, schlug vor, eine Delegation zum Regierungspräsidenten von Witzleben zu entsenden, damit der gegen das weitere Ausrücken von Truppen nach Berlin vorgehe. Die Delegation kam jedoch mit der Nachricht vom Schloß zurück, daß sich von Witzleben für das Ministerium Brandenburg, die Staatsstreichregierung also und somit für die Monarchie, ausgesprochen habe. Nun schlug die Erregung in Empörung um. Die im und vor dem Rathaus Versammelten beschlossen, sofort den Merseburger Bahnhof und die Regierungshauptkasse im Schloß zu besetzen. Heinrich Seffner alarmierte die Bürgerwehr. Neben den Bürgerwehrkompanien formierte sich auf dem Marktplatz aber auch das Lanzierkorps sowie eine mit Radehacken, Beilen und Sensen bewaffnete Gruppe von Arbeitern. Eine Bürgerwehrkompanie beorderte Heinrich Seffner zum Schloß, die anderen, denen sich auch die Arbeiterkorps anschlossen, zum Bahnhof. Den zum Schloß Befohlenen sank jedoch alsbald der Mut; von Witzleben hatte inzwischen Kanonen auffahren lassen...

Im Bahnhof besetzten die Arbeiterkorps das Telegraphenzimmer und errichteten auf den Geleisen Barrikaden. Einfahrende Züge wurden gestoppt und durchsucht. Im Morgenzug aus Weißenfels entdeckte man zwar keine Truppen oder Waffen, aber den Oberregierungsrat von Hinkeldey, der bekannterweise in Naumburg an der blutigen Niederschlagung von Bürgerprotesten beteiligt war und nun in Berlin Polizeipräsident werden sollte. Nur mit Mühe konnten Bürgerwehrmänner verhindern, daß die auf dem Bahnhofsvorplatz wartende Menge von Hinkeldey lynchte. Bis zu seiner alsbaldigen Freilassung wurde er im Rathaus gefangengesetzt. Hier hatten Bürger mittlerweile einen Sicherheitsausschuß gebildet, der den Magistrat in seinem Widerstand gegen die Reaktion unterstützen sollte. Nachdem bis zum Abend am Bahnhof nichts weiter vorfiel, es auch in der Stadt ruhig geworden war, löste Heinrich Seffner den Sicherheitsausschuß auf und schickte schließlich die Bürgerwehr nach Hause.

Im Gegenzug verstärkten die preußischen Behörden die Merseburger Garnison und mobilisierten zusätzlich die Landwehr. Ende November gab es dann keine preußische Nationalversammlung mehr. Anfang Dezember setzte das Ministerium Brandenburg eine neue Verfassung in Kraft; Anlaß für die Merseburger Bürgerwehr zur Parade anzutreten. Acht Monate später blieb ihr dann nur noch, sich entwaffnen zu lassen.

Heinrich Seffner, ihr Kommandant, mußte zuvor ja sogar vor Gericht erscheinen und sich für das, was am 14. November 1848 in Merseburg geschah oder hätte geschehen können, verantworten. Im Gegensatz zu vielen weniger herausgehobenen Angeklagten wurde Bürgermeister Seffner aber nicht verurteilt. Ihm nahm man ab, daß er durch den Einsatz der Bürgerwehr Erfolge der Arbeiterkorps hatte verhindern wollen. Fortan war Heinrich Seffner den Merseburgern wie der Obrigkeit stets ein guter Bürgermeister.

Ernst Haeckel

geboren am 16.2.1834 in Potsdam, besucht von 1840–43
die Merseburger Bürgerschule und anschließend bis 1852
das Merseburger Domgymnasium, studiert Medizin bei
Virchow, promoviert 1857 zum Dr. med., wendet sich dann
aber der Biologie zu, wird 1862 zum Professor für Zoologie
an die Universität Jena berufen, begründet das Biogenetische
Grundgesetz, veröffentlicht 1866 sein zweibändiges
Programmwerk „Generelle Morphologie der Organismen",
1868 die „Natürliche Schöpfungsgeschichte", 1899
„Die Welträtsel", 1904 „Die Lebenswunder", Reiseberichte
u.a., gründet 1906 den Deutschen Monistenbund, eine
linksbürgerliche Freidenker-Vereinigung, stirbt am 9.8.1919
in Jena.

Ernst Haeckel

Ein Jahr war Ernst Haeckel alt, da wurde sein Vater als Regierungsrat für Kirche und Schule nach Merseburg berufen. Die Familie Haeckel bezog das Haus Große Ritterstraße 5, das spätere Café Schmied. Ab seinem vierten Lebensjahr wurde der kleine Ernst standesgemäß von einem Privatlehrer unterrichtet. Ein Jahr später schon schrieb er seinem Großvater begeistert über einen Besuch im Leipziger Zoo. Ein Besuch der Interessen weckte womöglich.

Der sechsjährige Ernst wurde in die neue Merseburger Bürgerschule am Windberg eingeschult. Mit neun Jahren aber wechselte er zum altehrwürdigen Domgymnasium. Und hier blühte alsbald seine Vorliebe zur Botanik beeindruckend auf. Wann immer es das Schulregime zuließ, durchstreifte er allein oder mit einem seiner Lehrer die Auen rings um Merseburg. Ernst Haeckel zeichnete, Ernst Haeckel sammelte. Sein Herbarium aus jener Zeit hatte durchaus schon wissenschaftlichen Wert.

Dabei galt Ernst Haeckel keinesfalls als blutleer oder vergeistigt. Sein Schulfreund Finsterbusch erinnerte sich: *In Körperübungen jeder Art, in Kraftleistungen, im Stelzenlaufen die Treppe hinaus und hinab, im Klettern, Springen, Schwimmen usw. übertraf Haeckel alle seine Mitschüler; dagegen hatten Kneipereien, Tabak- und Zigarrenrauchen, Kartenspielen und Nachäffung studentischer Gepflogenheiten, wie sie bei der Nachbarschaft der Universitätsstadt so verführerisch waren, nicht den mindesten Reiz für ihn.* Und Ernst Haeckel schien es auch verstanden zu haben, seine Ansichten durchzusetzen. Wohl nicht von ungefähr nennt ihn seine Schulkamerad von Delbrück in seinen Lebenserinnerungen einen Schreibalg...

Befreundet könnte Ernst Haeckel auch mit seinem ein Jahr

älteren Mitschüler Richard Brenner gewesen sein, der als Afrika-
forscher bekannt wurde und insbesondere bei der Erschließung
Somalias Wichtiges leistete. Vielleicht träumten die beiden Gymnasiasten miteinander in Unterrichtspausen zuweilen von fernen
Ländern, erste Ansatzpunkte womöglich auch für Ernst Haeckels
spätere Forschungsreisen.

Als sein Vater aus Merseburg abberufen wurde, blieb Ernst
Haeckel jedoch Schüler des Domgymnasiums, zog zu seinem
Lehrer Wilhelm Osterwald. Der schrieb Gedichte, die hin und
wieder sogar vom Leiter der halleschen Singakademie, Robert
Franz, vertont wurden. Mit Sicherheit prägten auch die Ein-
drücke in diesem Haus den heranwachsenden Ernst Haeckel.

Im Jahre 1852 bestand er schließlich seine Abiturprüfungen
und begann auf ausdrücklichen Wunsch seines Vaters Medizin
zu studieren. Ernst Haeckel ging nach Würzburg und, nachdem
er dann doch, seinen Interessen entsprechend, zur Zoologie
gewechselt war, nach Jena. Hier stellte er das Biogenetische
Grundgesetz auf, nachdem die Ontogenese, die Keimesentwick-
lung also, eine verkürzte Philogenese, Stammesentwicklung, ist,
hier setzte er sich mit Akribie und Elan für Darwins Thesen ein,
hier schrieb er seine wissenschaftlichen und populärwissen-
schaftlichen Bücher, die ein Millionenpublikum erreichten.

Merseburg aber, die Zeit seiner Kindheit und Jugend, behielt
Ernst Haeckel offenbar in guter Erinnerung. Zur dritten Säkular-
feier des Merseburger Domgymnasiums reiste er an und widmete
der Gymnasiumsbibliothek ein Exemplar seiner *Natürlichen
Schöpfungsgeschichte: Der Bibliothek des Domgymnasiums zu Merseburg am Tage der 300jährigen Jubelfeier desselben überreicht von
seinem ehemaligen Schüler (abit.1852) Ernst Haeckel. 30. Juni
1875.*

Franz Liszt

geboren am 22.10.1811 in Raiding / Burgenland,Schüler von
Czerny und Salieri in Wien, ab 1823 von Paer und Reicha in
Paris, lebt in London, dann in der Schweiz, ab 1837 in
Italien, geht seit 1839 als Klaviervirtuose auf Konzertreisen
durch Europa, wird 1847 Kapellmeister in Weimar, widmet
sich ganz der Komposition, zieht 1861 nach Rom, empfängt
1865 die niederen Weihen als Abbé, ab 1869 wieder in
Weimar, dann in Pest, wird dort 1873 Präsident der auf seine
Anregung entstandenen ungarischen Musikakademie, stirbt
am 31.7.1886 in Bayreuth; gilt als einer der bedeutendsten
Komponisten des 19. Jahrhunderts, wichtigste Werke: „Les
Preludes", „Faust-Symphonie", „Dante-Symphonie",
„Ungarische Rhapsodien", „Ungarische Krönungsmesse",
Klavierkonzerte u.a.; wirkte auch als Schriftsteller.

Franz Liszt

Die Orgel, die neue, ihres Gleichen suchende Domorgel lockte
Franz Liszt nach Merseburg. 1853 hatte Friedrich Ladegast
begonnen, das altehrwürdige Orgelwerk instandzusetzen und
gehörig zu erweitern. Franz Liszt reiste daraufhin mehrmals aus
Weimar an, um das riesige Instrument schon während der Ent-
stehung kennenzulernen. Den Schülern im nahen Domgymnasium wird er beim Ausprobieren der Klangfülle und der zahlreichen Klangfarben wohl so manche Stunde verkürzt haben.

Eine erste Orgel dürfte im Merseburger Dom bereits im
13. Jahrhundert erklungen sein. Später bezeugen Stiftsprotokolle
des öfteren Reparaturen. 1697 erhielt das Instrument den
barocken Prospekt. 1734 setzte der Silbermann-Schüler Hilde-
brandt neue Pfeifen ein. Kein Vergleich aber zu den Verbesserungen Friedrich Ladegasts. Ein Sachverständiger meinte 1855,
kurz vor der Einweihung, *daß dieses Orgelwerk einen neuen Ab-
schnitt in der Orgelbaukunst bezeichne, indem hier Dinge erreicht
sind, die bisher an keiner andern Orgel vorkommen.* Und die Merseburger Domorgel behielt ihren Ruf, eine der größten und klang-
schönsten Orgeln Deutschlands zu sein, bis heute.

1958, als eine gründliche Überholung unumgänglich wurde,
schrieb der große Arzt und Orgelkenner Albert Schweitzer an
den Merseburger Domorganisten Hans-Günther Wauer: *Ich wünsche Ihnen, daß Ihre Bemühungen, die Merseburger Domorgel so wie
sie war zu erhalten, Erfolg haben. Mögen Sie Verständnis bei den
kirchlichen und weltlichen Behörden finden. Als einen der Orga-
nisten, der Ladegastorgeln an der Jahrhundertwende noch in ihrem
ursprünglichen Zustand kannte, wage ich die Bitte auszusprechen,
daß die Merseburger Domorgel in diesem Zustand erhalten bleibe.
Und wachen Sie gut darüber, daß die alte Intonation erhalten bleibe*

und nicht durch die heutige Imitation des alten Orgelklangs, die in manchem danebenhaut und vergröbert, ersetzt werde. Gottseidank hatte diese Bitte letztlich das erforderliche Gewicht. 1963 war die Merseburger Ladegastorgel wieder in einem Zustand, daß sie, wie Hans-Günther Wauer schrieb, *allen Forderungen, die an ein solch großes Instrument zu stellen sind, in idealer Weise gerecht wird.*

Franz Liszt fühlte sich von den Möglichkeiten der Merseburger Domorgel zum Komponieren angeregt. Sein *Präludium und Fuge über B-A-C-H* sollte ursprünglich zur Einweihung erklingen, wurde aber nicht rechtzeitig fertig. So konnte diese Huldigung an den Großmeister der Orgel, Johann Sebastian Bach, erst im Jahre darauf im Merseburger Dom uraufgeführt werden. Rechtzeitig vollendete Franz Liszt jedoch seine *Phantasie und Fuge über den Choral Ad nos, ad salutarem undam.*

Am 26. September 1855, pünktlich um 17.00 Uhr, begannen die Feierlichkeiten. Hunderte Gäste und zahllose Merseburger waren gekommen, um das vielgerühmte Instrument Friedrich Ladegasts zum ersten Mal zu erleben. Der Dom bot längst keine Sitzgelegenheit mehr. Natürlich war auch Franz Liszt zugegen, übernahm sogar die Begleitung einer Arie aus der Bach'schen Matthäus-Passion. Den Höhepunkt der Einweihung bildete jedoch zweifellos die Uraufführung seiner durch die neue Merseburger Domorgel inspirierten, auf einem Choral der Wiedertäufer beruhenden *Phantasie und Fuge*. Ad nos, ad salutarem undam – Zu uns, zum Heil des Wassers: Klangflächen und rhythmische, nachgerade expressive Passagen, Verträumtes und Eruptives und am Ende dreifaches Forte! Ein Meisterstück der Orgelmusik, geboten auf einer meisterlichen Orgel.

Und in Franz Liszt wirkten die einzigartigen Klangfarben der Merseburger Ladegastorgel offenbar noch lange nach. Auch sein 1862 beendetes Werk *Variationen über den Basso continuo des ersten Satzes der Kantate Weinen, Klagen, Sorgen, Zagen und das Cruzifixus der h-moll-Messe von Johann Sebastian Bach* baut offenkundig auf seinen Erfahrungen mit diesem Instrument auf. Merseburg, zweifellos eröffneten sich Franz

Liszt in der alten Domstadt neue Wege für sein kompositorisches Schaffen.

A. v. Menzel

geboren am 8.12.1815 in Breslau, kommt 1830 nach Berlin, besucht kurzzeitig die dortige Akademie, bildet sich dann autodidaktisch weiter, 1833 erste lithographische Veröffentlichungen, fertigt bis 1842 400 Illustrationen zu Kuglers" Geschichte Friedrich des Großen", von 1843–1848 200 Holzschnitte für eine Prachtausgabe der Werke Friedrich II., schafft zahlreiche Gemälde, so u.a. „Aufbahrung der Märzgefallenen" (1848), „Flötenkonzert" (1852), „Ein Nachmittag im Tuileriengarten" (1867), doch illustriert auch weiterhin, so u.a. sein „Kinderbuch" (1858–80) und skizziert auf Reisen, die Nationalgalerie Berlin bewahrt etwa 10 000 seiner Zeichnungen auf, gilt als einer der vielseitigsten deutschen Maler der neueren Zeit, wird 1875 zum Ehrendoktor der Berliner Universität ernannt und 1898 geadelt,stirbt am 9.2.1905 in Berlin.

Adolph von Menzel

Er bedaure es sehr, daß er früher an Merseburg immer vorbeigefahren sei, ohne darin einzukehren, äußerte Adolph Menzel in
einem Gespräch mit dem hiesigen Regierungspräsidenten von
Diest, er habe ja nicht geahnt, daß in Merseburg so kostbare
Kunstschätze vorhanden seien.

Was den weithin bekannten Maler schließlich doch bewog, in
der alten Stadt an der Saale Station zu machen, kann nur vermutet werden. Vielleicht war im Laufe des Jahres 1886 die
Nachricht von der bevorstehenden Wiedereinweihung des gründlich restaurierten Merseburger Domes bis nach Berlin gedrungen. Immerhin hatte sich sogar der Kronprinz Friedrich Wilhelm
für die Einweihungsfeierlichkeiten angesagt. Oder sollte möglicherweise der Kronprinz höchstpersönlich die Anregung gegeben
haben? Einander bekannt waren Friedrich Wilhelm und der
auch *Kleine Exzellenz* genannte Maler spätestens seit Menzels
siebzigsten Geburtstag, Anfang Dezember 1885. Offenbar hinterließ diese Begegnung bei Adolph Menzel, der wie kein anderer
das Leben Friedrich II., des großen Ahnen Friedrich Wilhelms,
dargestellt hatte, einen nachhaltigen Eindruck. Dreizehn Jahre
später, vom königlichen Heroldsamt in Vorbereitung seiner
Erhebung in den Adelsstand gebeten, einen Entwurf für sein
Adelswappen einzureichen, schlug Adolph Menzel vor, das Wappen-
schild solle ihn selbst an seinem siebzigsten Geburtstage zeigen,
wie ihm der Kronprinz als erster Gratulant eine Tabaksdose mit
einem Miniaturbilde Friedrich II. überreiche...

Wie auch immer, im Jahre 1886 kam Adolph Menzel für gut eine
Woche nach Merseburg und quartierte sich im Hotel *Zum Palm-
baum,* in der Oberburgstraße ein. Und zweifellos war er auf diesen
Besuch bestens vorbereitet, konnte er dem Regierungspräsidenten

von Diest doch sofort raten, eine Portalfigur König Davids und andere Kunstwerke des Merseburger Schlosses nicht, wie vorgesehen, farbig bemalen zu lassen. Und dann war es auch der Berliner Maler und nicht der Merseburger Regierungspräsident, der dem anderen nach ihrer angeblich zufälligen Begegnung im Schloßhof stundenlang all die kostbaren Kunstgegenstände des Merseburger Domes und Schlosses zeigte und erläuterte. Zumindest stellte dies Gustav von Diest in seinen Lebenserinnerungen so, als völlig selbstverständlich, dar. Unterwürfigkeit gegenüber einem, erst kürzlich vom Kronprinzen festlich Geehrten? Gut vorstellbar, daß Adolph Menzel, falls er vom Herrn Regierungspräsidenten gefragt worden wäre, wie man ihm auch in Merseburg eine Freude machen könne, geantwortet hätte: indem man in eine Tabaksdose die Szene ihrer Begegnung gravieren ließe, preußischer Politiker mit Künstler vor Merseburger Raben oder so ähnlich...

Adolph Menzel schuf in Merseburg etliche feinsinnige Blätter, zeichnete im Dom und im Schloß, in der Altstadt sowie in seiner Herberge, dem *Palmbaum*. Möglicherweise bekam diese Zeichnungen dann auch der Kronprinz zu Gesicht, denn Friedrich Wilhelm forderte den Regierungspräsidenten von Diest auf, von kunstvollen Merseburger Grabdenkmalen, die Adolph Menzels und so vielleicht auch sein Interesse gefunden hatten, Photographien anfertigen zu lassen. Als Studie für ein silbernes Altarkreuz, das der Kronprinz dem Merseburger Dom anläßlich dessen Wiedereinweihung zu schenken beabsichtigte? Oder als dezenter Hinweis darauf, daß man höheren Orts, im Gegensatz zu Merseburger Behörden, Merseburger Kulturgut durchaus zu wertschätzen wußte? Wer weiß.

Außer Frage dürfte jedoch stehen, daß es die Merseburger, zumindest die, bedauern müßten, wäre Adolf Menzel bis an sein Lebensende an der Saalestadt nur vorbeigefahren und nicht ein einziges Mal hier eingekehrt, hätten Merseburger Kunstschätze den großen Maler nicht wiederholt zum Zeichnen angeregt.

H. v. Stephan

geboren am 7.1.1831 in Stolp, wird 1870
Generalpostdirektor des Norddeutschen Bundes, gründet
1872 das Postmuseum in Berlin, ab 1875 Generalpostmeister
des Deutschen Reiches, vereint 1876 die Telegrafen- mit der
Postverwaltung, modernisiert das deutsche Postwesen,
schafft ein einheitliches Postrecht, vereinfacht den
Postbetrieb und verbilligt die Gebühren, regt die Gründung
des Weltpostvereins an, 1885 geadelt, Staatssekretär des
deutschen Reichspostamtes, stirbt am 8.4.1897 in Berlin;
schrieb u.a. die „Geschichte der preußischen Post" (1859),
„Das heutige Ägypten" (1872) und „Weltpost und
Luftschiffahrt" (1874).

Heinrich von Stephan

Falls sich Heinrich von Stephan, der Reformator der deutschen Post, bei seinen Aufenthalten in Merseburg auch für das hiesige Postwesen interessierte, dürfte er Beachtenswertes erfahren haben. Immerhin wurde in der herzöglichen Residenzstadt, um sich, dem Beispiel Brandenburgs folgend, von der Thurn- und Taxischen Post unabhängig zu machen, schon 1681 ein erstes Postamt eröffnet. 1700 hielt die Fahrpost von Leipzig nach Kassel wöchentlich zweimal auch in Merseburg. Und bald darauf konnte man von hier aus über Quedlinburg nach Hamburg und über Zeitz nach Nürnberg sowie ab 1707 auch über Nordhausen nach Köln und weiter bis Amsterdam gelangen. 1766 führten dann schon dreiunddreißig Postkurse durch Merseburg. 1800 dürfte hier erstmals ein Poststempel in Benutzung gewesen sein. 1846 wurde in Merseburg eine Bahnpoststelle und 1856 eine Telegraphenstation III. Klasse eröffnet; 1850 für zwei Jahre sogar die Oberpostdirektion der preußischen Provinz Sachsen hierher verlegt. In dieser Zeit dürften in der alten Saalestadt erstmals Briefmarken in Umlauf gekommen sein. 1875 mußte dann gegenüber dem Bahnhof ein neues Postgebäude errichtet werden; das alte in der Breite Straße war längst zu klein geworden.

Aber nicht Postgeschäfte führten den obersten Postbeamten des Deutschen Reiches nach Merseburg. Am 7. September 1890 war Heinrich von Stephan *in Anerkennung seiner langjährigen, dem Vaterlande wie dem Hause Hohenzollern geleisteten ausgezeichneten Dienste* durch Kabinettsorder eine Domherrenstelle des hiesigen Stiftes verliehen worden. Majestät Wilhelm II. persönlich hatte in einem Handschreiben die *ersprießliche amtliche Tätigkeit* und den *unermüdlichen Pflichteifer* Heinrich von Stephans gewürdigt. Eine nicht nur platonische Ehrung, denn mit dieser

Domherrenstelle war eine jährliche Präbande von zweitausend Reichsmark sowie der Nießbrauch der Martini-Kurie verbunden.

Ungeachtet dieses Nutzungsrechtes wohnte Heinrich von Stephan bei seinen Besuchen in Merseburg stets im Hotel *Zum Palmbaum* in der Oberburgstraße, pflegte hier seinerseits Besucher zu empfangen. Meist kam er im Herbst, möglichst dann, wenn der Kaynaer Ökonomierat Kraaz seine berühmten Hühnerjagden veranstaltete. Heinrich von Stephan galt als passionierter Weidmann. Die unberührte Natur im Regierungsbezirk Merseburg bot seiner Leidenschaft reichlich Raum.

Sollte Heinrich von Stephan hier dennoch Zeit und Muße für Postangelegenheiten gehabt haben, fanden vielleicht die ersten, in jenen Jahren aufkommenden Merseburger Ansichtskarten sein Gefallen. Auch wurde 1890 der fast schon anachronistische Postkutschenverkehr von Merseburg nach Lauchstädt und Schafstädt eingestellt und 1892 ein städtisches Fernsprechnetz mit respektierlichen fünfundzwanzig Teilnehmern in Betrieb genommen. Wie auch immer, der große Erneuerer der Post, Heinrich von Stephan, scheint gern nach Merseburg gekommen zu sein.

Maximilian Herrfurth

geboren am 30.6.1863 in Merseburg, fährt nach Erlangung
der Mittleren Reife ab 1877 zur See, kehrt als
Zwanzigjähriger nach Merseburg zurück, erlernt das
Fotografenhandwerk, übernimmt 1885 das Fotogeschäft
seines Vaters Franz, beginnt alsbald neben Porträts auch
Straßenszenen aufzunehmen, wird zum Fotochronisten
Merseburgs, erreicht den Höhepunkt seines Schaffens
zwischen 1890 und 1910, fertigt insgesamt mehrere hundert
historisch wertvolle Negativplatten, stirbt am 31.12.1933 in
Merseburg.

Maximilian Herrfurth

Weit war er gereist, der junge Maximilian Herrfurth, jahrelang zur See gefahren, nicht verwunderlich also, daß ihm das vom Vater übernommene Fotoatelier alsbald zu eng wurde. Tagein tagaus nur: *Bitte recht freundlich* oder: *Schau mal, hier kommt ein Vögelchen raus*... Nein, das konnte unmöglich das ganze Leben sein.

Andererseits bot das Fotogeschäft aber eine solide Lebensgrundlage. Porträtaufnahmen waren gefragt, allein die zahlreichen, in Merseburg stationierten Blauen Husaren, die es immer mal wieder drängte ein Bild in die Heimat oder an die Liebste zu schicken, füllten die Geschäftskasse in schöner Regelmäßigkeit. Und außerdem schien Maximilian Herrfurth am Fotografenhandwerk Gefallen gefunden zu haben. Den flüchtigen Augenblick für alle Ewigkeit auf eine fotografische Platte zu bannen, hatte zweifelsohne seinen Reiz. Aber warum nicht das eine tun, und das andere nicht lassen?

Eines sonnigen Tages wohl nahm Maximilian Herrfurth seine Plattenkamera und stillte sein Fernweh in den Straßen Merseburgs. Natürlich war der Merseburger Markt nicht der Trafalgar Square, die Gotthardtstraße nicht die Champs-Élysées und die Sixti-Ruine nicht die Sphinx, doch vermochte eine weltläufige Betrachtung selbst finsteren Winkeln noch so manches abzugewinnen. Zudem war Merseburg, die träg-warme Stadt seiner Kindheit und frühen Jugend, in die Gründerjahre gekommen. Vertrautes und Neues, ständig Neues, kontrastierten das Stadtbild wie Ebbe und Flut. Ungeahnte Perspektiven eröffnetem sich dem, der im Alltäglichen Besonderes und im Besonderen Alltägliches zu entdecken vermochte.

Maximilian Herrfurth fotografierte Merseburger Straßen und Plätze, Brücken, Brunnen, Häuser, Portale, Denkmäler, Friedhöfe,

Kirchen, Schulen, Gaststätten, Betriebe, die Stadtmauer und das Kloster, Dom und Schloß, den Bahnhof und die Post, Amtsgericht und Gasanstalt, Krankenhaus und Wasserturm, Gotthardtsteich, Stadtpark und Kaserne. Maximilian Herrfurth fotografierte beim Merseburger Kinderfest und beim Kaiserbesuch, beim Bau der Kanalisation, bei Grundsteinlegungen wie Einweihungen, beim Besuch eines Naturapostels wie beim Auszug der Husaren, er fotografierte bei Sportfesten und Jahrmärkten, den Braunkohleabbau im Geiseltal und später auch das entstehende Leunawerk, er fotografierte das erste Auto in Merseburg, die erste Straßenbahn, den ersten Freiballonaufstieg... Jahrzehntelang war Maximilian Herrfurth mit seiner Kamera in Merseburg präsent.

Für seine Mitbürger schien Herrfurths Maxe in seiner Samtjacke und mit dem Künstlerbarrett zum Merseburger Straßenbild alsbald einfach dazugehört zu haben, und wie sehr er seine Merseburger Mitbürger, gleich welchen Standes, mochte und verstand, zeigen die Herrfurth'schen Fotos eindringlich.

Nach seinem Tode führte sein gleichnamiger Sohn das Fotogeschäft weiter, doch wurde das Herrfurt'sche Haus in der Merseburger Breite Straße bei einem Bombenangriff im Dezember 1944 samt Atelier völlig zerstört. Fast einem Wunder gleich blieben aber etwa zweihundert der alten Herrfurth'schen Originalnegativplatten erhalten.

Das Museum Merseburg nahm sich in den fünfziger Jahren dieser einzigartigen Dokumente an und verstand es, nachfolgenden Generationen ein Stück Geschichte ihrer Stadt damit erlebbar zu machen. Vielleicht war es die, bei aller Heimatverbundenheit keinesfalls provinzielle Sicht, die den Fotos Maximilian Herrfurths einen dauerhaften Erfolg beschieden.

1980 sagte der Merseburger Fotograf Jochen Ehmke in Vorbereitung einer aufwendigen Herrfurth-Ausstellung: *Aufgewogen und entschädigt wurde alle Mühe durch... ein Gefühl der Hochachtung vor den alten Aufnahmen und der Leistung eines aus heutiger Sicht technisch unzureichend ausgerüsteten Fotografen. Bei der Bewunderung blieb es nicht, denn die Fotografien gaben auch Anstöße für eigene Arbeiten.*

Monumentalgemälde von H. Vogel im Ständehaus
Merseburg

geboren am 15.2.1855 in Magdeburg, 1874–80 Schüler von
W. Sohn und E.v. Gebhardt an der Düsseldorfer Akademie,
läßt sich 1886 in Berlin nieder, 1887–92 Professor an der
Berliner Akademie, debütiert 1883 mit dem Gemälde „Luther
predigt während der Gefangenschaft auf der Wartburg", malt
1886 „Der Große Kurfürst empfängt französische Refugiés im
Potsdamer Schlosse", bereist 1889/90 Holland, bildet sich
1893 bei J. Levebvre in Paris weiter, schafft 1897–1900 die
Wandgemälde im Plenarsaal des Merseburger Ständehauses,
1906–08 Kolossalgemälde für das Hamburger Rathaus, 1920
ein riesiges Gemälde für den Hörsaal der Berliner
Charité,weitere Bilder in Galerien u.a. in Prag, Wien,
Brüssel, Berlin, Dresden, Hannover, Hamburg und Karlsruhe,
stirbt am 26.9.1934 in Berlin.

Hugo Vogel

Durch seine Gestaltung der Korridore des Berliner Rathauses mit monumentalen Fresken dürfte sich Hugo Vogel für einen lukrativen Auftrag aus Merseburg empfohlen haben: der Plenarsaal des neuerbauten Ständehauses sollte ausgeschmückt werden!

Seit 1825 versammelte sich der Provinzialständetag, der Landtag der preußischen Provinz Sachsen, im Merseburger Schloßgartensalon oder im naheliegenden Zech'schen Palais. Im Laufe der Jahre war zum Provinzialständetag auch die Provinzialselbstverwaltung hinzugekommen. Und die Zahl der Beamten wuchs und wuchs. Ein Neubau mußte her: das Ständehaus.

Ende April 1895 tagte der Provinzialausschuß erstmals im Plenarsaal des neuen Hauses. Alsbald stellten die Abgeordneten jedoch fest, daß dessen Akustik zu wünschen übrig ließ. Eine kassettierte Decke wurde eingezogen. Und offensichtlich waren den Abgeordneten spätestens nun auch die Wände zu kahl. Hugo Vogel erhielt den Auftrag fünf Kolossalgemälde samt Beiwerk zu schaffen. 1897 begann er diese Arbeit.

Selbstverständlich machte sich der Historienmaler Hugo Vogel hierbei die reichhaltige mitteldeutsche wie Merseburger Geschichte zunutze:

Das erste Gemälde zeigt den Sachsenherzog Heinrich in dem Augenblick, da ihm beim Vogelfang am Finkenherd zu Quedlinburg die deutsche Königskrone angetragen wird. Legende. Doch immerhin hatte sich für König Heinrich I. im Laufe der Jahrhunderte der volkstümliche Name Heinrich Auceps, Heinrich der Vogeler, eingebürgert und rankte sich literarische Phantasie mannigfach um dieses sagenhafte Geschehen des Jahres 919.

Auch das zweite Gemälde stellt Heinrich I. in den Mittelpunkt. Eine Szene aus dem Jahre 933: Heinrich I. geharnischt und hoch zu Roß nach der siegreichen Schlacht über die Ungarn bei Riade. So wenig dieser Schlachtort bislang eindeutig lokalisiert werden konnte, gilt hingegen als sicher, daß dieser, für die weitere Entwicklung des deutschen Reiches sehr wichtige Sieg, in der Pfalz Merseburg gefeiert wurde. Der nur wenige Jahre danach schreibende Chronist Liudprand wußte zu berichten, daß Heinrich I. die Ungarnschlacht im oberen Festsaal der Pfalz Merseburg darstellen ließ. Eine erstaunliche Parallele. Hugo Vogel dürfte sich angespornt gefühlt haben, existierten die Pfalzgebäude und somit auch jene alten Bilder längst nicht mehr.

Das dritte und zugleich größte Gemälde, an der Stirnseite des Plenarsaales flankiert von den beiden ersten, erinnert an ein Ereignis des Jahres 943: Otto I., der Große, kommt mit seiner Frau, der angelsächsischen Königstochter Edgith, von der Elbe her in Magdeburg an. Otto I. zog Magdeburg im Laufe seines Lebens allen anderen deutschen Orten vor, sollte hier schließlich auch neben seiner ersten Frau Edgith im Dom begraben werden. Im Jahre 943 aber galt es, das Bistum Magdeburg, ein wichtiges Missionsbollwerk gegen die Slawen, zu gründen. Fünfundzwanzig Jahre später schon wurde Magdeburg zum Sitz eines Erzbischofs erhoben und diesem Zentrum geistlicher wie weltlicher Macht das neugegründete Bistum Merseburg beigeordnet.

Das vierte Gemälde, wie das fünfte den anderen drei gegenüber, führt in mystische Bereiche und auf historisch recht unsicheren Boden: Die Begegnung des römischen Feldherrn Nero Claudius Drusus mit einer germanischen Seherin. Drusus unternahm mehrere Kriegszüge nach Germanien, versuchte das Gebiet zwischen Rhein und Elbe zu unterwerfen. Die Seherin nun warnt ihn vor weiterem Vordringen, das seinen sicheren Tod bedeute. Und wirklich fand Nero Claudius Drusus auf einem seiner Kriegszüge im Herbst des Jahres 9 v.u.Z. den Tod. Angeblich soll Drusus Germanicus bis zur Saale gekommen sein, und seit einiger Zeit werden sogar Vermutungen laut, daß Armin der Cherusker den Römer Varus und seine Legionen nicht im Teutoburger Wald, sondern bei Merseburg geschlagen haben könnte, im Herbst des Jahres 9 v.u.Z...

Das fünfte Gemälde schließlich präsentiert ein Ereignis, das Mitteldeutschland zweifelsfrei weltweit bekannt gemacht hatte: Luthers Thesenanschlag an die Schloßkirche zu Wittenberg.

Diese monumentalen, in Berlin auf Leinwand gemalten Bilder wurden schließlich an die Stirn- und Rückwand des Plenarsaales aufgeklebt. Im Januar des Jahres 1900 erfolgte die Übergabe. Ausgerechnet das Lutherbild aber wurde bekrittelt. Es zeigte ursprünglich die Germania hoch zu Roß vor versammelten Reichsfürsten, und war künstlerisch wohl als Pendant zur germanischen Seherin gedacht. Frau Vogel persönlich soll dafür Modell gestanden haben! Einigen Herren erschien diese Germania in ihrer fraulichen Rüstung jedoch der Jeanne d'Arc verteufelt ähnlich. Unannehmbar selbstredend für einen Sitzungssaal preußischer Parlamentarier der Jahrhundertwende.

Nichtsdestotrotz weilte Hugo noch des öfteren in Merseburg, logierte dabei, wie zahlreiche andere namhafte Besucher, stets im Hotel *Zum Palmbaum*. Mit Sicherheit waren seine Merseburger Gemälde eine Empfehlung für weitere lukrative Aufträge.

Wilhelm II. (aus der Festzeitschrift
anläßlich der Merseburger Kaisertage 1912)

geboren am 27.1.1859 in Berlin als Hohenzollernprinz
Friedrich Viktor Albert, besucht das Gymnasium in Kassel,
tritt 1877 in die Armee ein (avanciert bis 1888 zum
Generalmajor), studiert bis 1879 in Bonn Staats- und
Rechtswissenschaften, wird im März 1888 Kronprinz und im
Juni 1888 deutscher Kaiser und König von Preußen, entläßt
1890 Reichskanzler von Bismarck, setzt sich 1898 für eine
deutsche Kriegsflotte ein, versucht nach Bildung der Entente
(1904) zu Vereinbarungen mit Rußland und England zu
kommen, wird andererseits für den Ausbruch des
1. Weltkrieges mitverantwortlich gemacht, flieht im
November 1918 in die Niederlande, dankt ab, wird 1925
durch den sogenannten Hohenzollern-Vergleich finanziell
sichergestellt, stirbt am 4.6.1941 in Doorn.

Wilhelm II.

Schon dreimal hatte Majestät Merseburg mit seiner Anwesenheit beehrt, nun, im Jahre 1912 sollte der Besuch Wilhelm II. zu einem wahren Höhepunkt nationaler Begeisterung werden. Es lebe Deutschland, es lebe der Kaiser!

Zum ersten Mal kam Majestät 1883 im Gefolge seines Großvaters, Wilhelm I., in die alte Stadt an der Saale, die bekanntlich schon der erste deutsche König, Heinrich I., und nach ihm alle deutschen Könige und Kaiser des frühen Mittelalters zu schätzen wußten. Durchaus möglich, daß Wilhelm II. auch hörte, wie sein Großvater zum Merseburger Regierungspräsidenten von Diest sagte, er, der Kaiser, sei schon viel in der Welt herumgekommen, aber so schön wie im Merseburger Schloß, habe er beinahe noch nie gewohnt.

1891 reiste Wilhelm II. dann mit seiner Gattin Auguste Viktoria, gebürtige Prinzessin von Schleswig-Holstein-Sonderburg-Augustenburg, an. Die Provinzialstände richteten dem Kaiserpaar im Schloßgartensalon ein Festdiner aus, das offenbar Eindruck hinterließ. Immerhin weilten Kaiser und Kaiserin dann im Jahre 1903 für zehn Tage, vom 3. bis 12. September, in Merseburg. Großartig schon der Einzug, am Tage darauf Parade bei Roßbach, am Abend des 4. September Paradetafel im Ständehaus, und im Anschluß an diesen üppigen Festschmaus, an dem zahlreiche in- und ausländische Fürstlichkeiten sowie Generäle und hohe Staatsbeamte teilnahmen, großer Zapfenstreich zu den Klängen aller Kapellen des 4. Armeekorps im Schloßgarten, am 5. September Parade in Wahren, am Sonntag, dem 6. September, Festgottesdienst auf dem Merseburger Exerzierplatz, dann Besichtigung Halles. Die restlichen Tage verbrachte Majestät im Kaisermanöver, während seine Gemahlin durch den Regierungs-

bezirk Merseburg und auch nach Magdeburg fuhr sowie zuguter-
letzt noch das Merseburger Christianen-Waisenhaus besuchte.
Stolz verkündete die ansässige Presse, daß in diesen Tagen ganz
Deutschland auf Merseburg blickte. Wohldem!

Noch glanzvoller, bedeutender, dem gewachsenen National-
bewußtsein angemessen, sollten nun aber die Merseburger Kaisertage des Jahres 1912 werden.

Heute zieht der Kaiser bei uns ein,
Herzlich soll er uns willkommen sein!
Straßen sind und Häuser schön geschmückt,
Alt und jung und arm und reich beglückt...

reimte Fritz Fischer für eine Sonderausgabe des *Merseburger
Correspondenten.*

Treulich halten wir zu Reich und Thron,
Treu zu Kaiser Friedrichs hohem Sohn,
Treu zu ihm und unsrer Kaiserin;
Willkomm bieten wir mit treuem Sinn...

Geplant war, daß Wilhelm II. am 26. August, nachmittags
2.15 Uhr, im Sonderzug Merseburg erreichte, militärischer Empfang, dann Einzug Seiner Majestät des Kaisers zu Pferde durch
das eigens zu diesem Zwecke als Triumphbogen wiedererrichtete
Gotthardtstor, Ritt zum Schlosse, Spalierbildung durch Truppen,
Vereine, Innungen, Schulen usw., danach großer Zivilempfang
im Schloß, und um 7 Uhr abends Festtafel für die Provinz Sachsen
im Ständehaus. Am 27. August sollte sich Majestät um 9.30 Uhr
im Kraftwagen nach Roßbach begeben, dort um 10 Uhr die große
Parade des IV. Armeekorps auf dem Schlachtfelde von 1757
abnehmen. Bis ins Kleinste war der An- und Abtransport der
scharenweise erwarteten Paradebesucher organisiert: Schon ab
5.09 Uhr würden Sonderzüge bis Frankleben fahren, in kurzen
Abständen Straßenbahnen von Halle nach Merseburg verkehren,
ab 6.00 Uhr auf dem Bahnhofsvorplatz Droschken und Automo-

bile zur gefälligen Benutzung bereitstehen. Geregelt war sogar, welche Personengruppen durch welchen der neun Eingänge auf den Paradeplatz eingelassen werden: geschlossen anmarschierende Kriegervereine beispielsweise, die als solche an Fahnen usw. kenntlich sind, durch die Eingänge I und VII, Tribünen- und Stehplatzbesucher zu Fuß durch die Eingänge VII, VIII und IX, Zuschauer und Tribünenbesucher mit besonderen Wagenkarten des Generalkommandos durch die Eingänge I und II, allerhöchste Gäste und Gefolge, sowie Teilnehmer auf Allerhöchsten Befehl durch alle Eingänge... Deutsche Gründlichkeit, Ordnung, Disziplin. Der Abend des Paradetages sollte ausklingen wie schon im Jahre 1892, Paradetafel im Ständehaus und großer Zapfenstreich im Schloßgarten. Und am Mittwoch, dem 28. August 1912, wollte Majestät schließlich im Sonderzug nach Dresden (Hauptbahnhof) weiterreisen; Merseburg ab 10.25.

Kaiser Wilhelm, ziehe bei uns ein,
herzlich sollst Du uns willkommen sein!
Laß es Dir recht gut bei uns ergehn,
Scheidest Du ʼo seiʼs auf Wiedersehn!

Statt Wilhelm II. erschien jedoch nur das Kronprinzenpaar mit drei Prinzen und Gefolge. Kein Wiedersehen. Irritation. Der letzte Besuch des letzten deutschen Kaisers in der alten Kaiserstadt Merseburg fand nicht mehr statt. Majestät war erkrankt, überraschend und zum Kummer vieler.

Martin Andersen Nexö

geboren am 26.6.1869 in Kopenhagen,erlernt das
Schuhmacherhandwerk, besucht von 1889–1893 dänische
Bauernvolkshochschulen, arbeitet bis 1901 als Lehrer, dann
als freischaffender Schriftsteller, schreibt 1906/10 „Pelle der
Eroberer", 1917/21 „Ditte Menschenkind" u.v.a.m.,
unternimmt ausgedehnte Reisen nach Italien und Spanien
und 1922 erstmals auch in die Sowjetunion, wohnt von
1923–1930 in Allensbach am Bodensee, ist in den Jahren vor
Ausbruch des 2. Weltkrieges an internationalen,
antifaschistischen Aktionen beteiligt, wird 1941 verhaftet,
flieht 1943 über Schweden in die Sowjetunion, zieht 1951
nach Dresden, veröffentlicht neben Romanen und
Erzählungen auch Reiseberichte, publizistische Arbeiten und
Erinnerungen, seine Werke werden in 29 Sprachen übersetzt,
stirbt am 1.6.1954 in Dresden.

Martin Andersen Nexö

Am 18. Januar 1931 kam Martin Andersen Nexö zu einer Lesung nach Merseburg. Eingeladen hatte den berühmten dänischen Schriftsteller, der in seinen Werken stets Stellung für die Armen und Entrechteten nahm, das Kulturkartell, eine Gemeinschaft organisierter Merseburger Arbeiter. Der Andrang war groß. Schon geraume Zeit vor Beginn der Veranstaltung soll im geräumigen oberen Saal des Merseburger Schloßgartensalons kein einziger freier Platz mehr zu entdecken gewesen sein.

In der einstigen Handwerker- und Beamtenstadt Merseburg waren seit der Jahrhundertwende, mit Beginn der Industrialisierung des Umlandes, der Erschließung der ergiebigen Braunkohlefelder des Geiseltales, der Errichtung des Chemiegiganten Leuna, auch mehr und mehr Arbeiter zu Hause. Die Einwohnerzahl stieg in den ersten dreißig Jahren des Jahrhunderts von neunzehn- auf über dreißigtausend! Im November 1918 herrschte in Merseburg ein Arbeiter- und Soldatenrat. 1919 gewann in Merseburg eine Arbeiterpartei, die USPD, die Reichstagswahl. 1920 beteiligten sich Merseburger Arbeiter am Generalstreik infolge des Kapp-Putsches. 1921 war Leuna ein Zentrum der Märzkämpfe, und erstmals erhielt in Merseburg die KPD bei den Wahlen zum·Preußischen Landtag die meisten Stimmen, ebenso zwei Jahre später bei den Kommunalwahlen. 1927 sprach Thälmann auf dem Merseburger Markt, weihte anschließend in Leuna· einen Gedenkstein für die Märzgefallenen. 1928 lag in Merseburg bei der Reichstagswahl die SPD vor der KPD. 1929 agitierte der Anarchist Max Hoelz auf dem Merseburger Markt, und 1930 gaben bei der Reichstagswahl wieder mehr Merseburger der KPD als der SPD ihre Stimme. Erst 1933 sollte auch in Merseburg eine radikal aufstrebende Partei die Mehrheit vor diesen beiden Arbeiterparteien gewinnen: die NSDAP...

Das große Interesse an Martin Andersen Nexös Lesung war also ebenso wenig verwunderlich, wie der Veranstaltungstermin zufällig gewählt war. 18. Januar 1931 – 60. Jahrestag der Reichsgründung! Während sich Martin Andersen Nexös Lesegemeinde im Schloßgartensalon versammelte, marschierten andere Merseburger mit Fackeln und Trommelwirbel durch die Straßen der Stadt. Die Lesung stand unter dem Motto Völkerverständigung und Mitmenschlichkeit, die Parolen des Fackelzuges waren mit Sicherheit andere.

Man befände sich zwischen zwei Menschheitsepochen, zwischen einer, die abstirbt, und einer anderen, die noch nicht geformt sei, meinte Martin Andersen Nexö. Ein Zurück allerdings gäbe es nicht mehr, die Phase des Sozialismus sei nahe – möge manches Schlimme auch noch geschehen... Nach solcherart Prophezeiungen und Schilderungen einer schweren Kindheit und Jugend, so manchem im Saal aus der Lektüre des Romans *Pelle der Eroberer* oder sogar aus eigenem, ähnlichem Erleben vertraut, blieb das Publikum am Ende der Veranstaltung wie gebannt sitzen. Martin Andersen Nexö mußte eine Zugabe geben, las die Erzählung *Der Idiot*. Beifall danach, langanhaltender Beifall.

Gut zwanzig Jahre später wurde der Saal des Merseburger Schloßgartensalons, in dem diese denkwürdige Veranstaltung stattfand, nach Martin Andersen Nexö benannt.

Joseph Roth

geboren am 2.9.1894 in Schwabendorf (Wolhynien), besucht
bis 1913 das Gymnasium in Brody,studiert in Lemberg und
Wien Germanistik, 1916–1918 Soldat der
österreichisch-ungarischen Armee, dann Journalist in Wien,
ab 1920 in Berlin, schreibt für zahlreiche renommierte
Zeitungen und Zeitschriften, veröffentlicht Romane,
Novellen, kleine Prosa und Essays, wird einer der wichtigsten
und produktivsten Romanciers deutscher Sprache des
20. Jahrhunderts, emigriert 1933 nach Österreich, dann nach
Frankreich, stirbt am 27.5.1939 in Paris; wichtigste Werke:
„Radetzkymarsch", „Die Kapuzinergruft", „Hiob", „Die
Rebellion", „Hotel Savoy", „Die Geschichte der 1002.
Nacht" u.a.

Joseph Roth

Nur wenige Stunden wird Joseph Roth in Merseburg und Umgebung gewesen sein, sein Reisebericht aber dürfte Bestand haben, solange die Problematik die ihn hier schon 1930 bewegte, nicht aus der Welt ist.

Am 14. Dezember hatte er in der *Frankfurter Zeitung* einen Brief *aus dem Harz* veröffentlicht und dessen Fortsetzung angekündigt. Doch dann erschien als nächster Artikel Joseph Roths jener weitsichtige Reisebrief aus Merseburg.

Von irgendwoher mußte Joseph Roth vom Abriß des Geiseltaldorfes Runstedt erfahren und sich unverzüglich auf den Weg gemacht haben. Vielleicht hatten ihn Freunde mit dieser Nachricht überrascht, vielleicht war er durch eine Zeitungsnotiz aufmerksam geworden. Oder sollte er im nicht allzu weit von Merseburg entfernten Harz einen Runstedter kennengelernt haben, einen Vertriebenen, dessen Haus, Hof und Garten dem Abraumbagger schon zum Opfer gefallen waren? Kohle, Kohle, Runstedt stand auf einem Riesenfeld Kohle, und unaufhaltsam fraß der Tagebau das Dorf.

Joseph Roth dürfte Anfang Dezember hierher geeilt sein, irgendwann nachdem er zumindest den ersten Teil seiner Harz-Reportage beendet und an die Redaktion geschickt hatte. Von Berlin aus könnte er den D 140 benutzt haben, der kurz nach 10 Uhr in Merseburg hielt; Umsteigen in die Straßenbahn nach Frankleben, Marsch nach Runstedt.

Und ich ging zu Fuß durch die sterbende Natur, es war wie ein Krankenbesuch, nein, wie ein Leichenzug. Und der Sterbende war schon eine Leiche und sein eigener Friedhof zugleich, aber nicht er, sondern sein Mörder roch nach Verwesung, und verglichen mit ihm, der den Verurteilten ja überleben sollte, war die Agonie noch

lebendig und das Überlebende war leichenhaft. Oh, welch eine
Welt! Der Moder ist hier gesünder als das Leben, die Fäulnis ist
fruchtbar und mordet die Gesundheit, der Gestank tötet den Duft
und das Geheul betäubt den Gesang: und davon leben wir!

So spontan diese Reise schien, dürfte Joseph Roth sie doch gut
vorbereitet haben. Klar mußte ihm sein, daß während seines
Aufenthaltes keine Zeit für aufwendige Recherchen bliebe. Hier
waren seine Sinne gefordert, präzise bis in den Schmerz, hier
durfte nicht nur verstanden, mußte vielmehr erfühlt werden,
was geschah, jede nur mögliche Minute. Die mehr als tausendjährige Geschichte Runstedts war ihm also mit Sicherheit ebenso
bekannt, wie die Mechanismen, die den Abriß dieses Geiseltaldorfes bewirkten.

Denn das Dorf Runstedt wurde von einem mächtigen Gegner
vernichtet, jenem gewaltigen Unternehmen, das von unserer
merkwürdigen technischen Begabung zeugt, dem Lande ohne
Zweifel unermeßlichen Nutzen bringt, dessen Namen ehrfurchts-
volles Schweigen in der Welt auslöst und das dennoch, wie ein
häßliches und notwendiges Geschwür, die Natur in Mittel-
deutschland frißt, Gestank verbreitet und produktive Wüsten
schafft, das Gesicht der Erde vernichtet und in ihren Eingeweiden
ruchlos und zweckhaft kramt. Ich meine die wunderbaren Leuna-
werke.

1927 hatte dieser Chemiekoloß, der bei Produktionsbeginn,
zehn Jahre zuvor, noch Ammoniakwerk Merseburg hieß und anfangs Sprengstoffe, dann Düngemittel ausstieß, eine bedeutende
Erweiterung erfahren: die sogenannte Hydrierungsanlage. Fortan
brauchte der Moloch Leuna Kohle nicht mehr nur zur Energie-
und Gasgewinnung, sondern immer unersättlicher auch zur Herstellung von Leuna-Benzin. Die alten Gruben des Geiseltals
genügten den wachsenden Ansprüchen alsbald nicht mehr. Und
wie würde erst der Wehrmachtsbedarf die Produktion steigern!

Umgestülpt wird der Leib der Erde, ihr Inneres zuoberst gekehrt,
geringschätzt werden die Früchte, die ihr Schoß freiwillig gespendet
hat, die geheimen Schätze und Urgründe dieser Früchte werden aus
dem aufgeschnittenen Schoß hervorgezerrt und in jene Nahrung ver-

wandelt, die eine Zwillingsschwester des Giftes ist und die nährt,
indem sie tötet, und umbringt, indem sie nährt. Wie diese Nah-
rung eine Schwester des Giftes ist, so ist unser Friede ein Bruder
des Krieges. Wir können düngen, aber wir können auch schießen.
Auf unserem Segen ruht unser Fluch.

Sollte Joseph Roth gehofft haben in den Ruinen Runstedts Gesprächspartner zu finden, war seine Suche wohl nicht sehr erfolgreich. Bezeichnenderweise vermerkte er in seinem Bericht nur Begegnungen mit Abrißarbeitern, Altwarenhändlern und dem Hüter eines Friedhofs. Nicht dem des Runstedters Gottesackers aber, nein, der war schon nach Frankleben verlegt. In Runstedt war es Joseph Roth offenbar nicht mehr vergönnt auch nur einen einzigen Runstedter zu entdecken, keinen jungen, keinen alten, keinen toten. Und das, was vom Dorfe selbst noch stand, würde in einigen Monaten restlos im Tagebau verschwunden sein.

Die Weltwirtschaft veranstaltet ihre eigenen Jüngsten Gerichte...
Sie geht über Leichen und verschafft ihnen dann neue Quartiere. Sie
zieht Christi Kreuze aus der Erde und fabriziert Gelbkreuze unter
dem Schutz von Hakenkreuzen. Weg ist weg! Ab mit Schaden! Gegen
die Technik kommt keener an!

Angesichts dessen wird Joseph Roth wohl gewußt haben, wann dieser Text erscheinen mußte: Weihnachten natürlich, zum Fest der Freude, zum Fest der Geburt des Herrn, des Erlösers. Wann sonst könnte der Kontrast zu all dem bei Merseburg Gesehenen deutlicher, die Chance, Trauer und Wut und Betroffenheit mitzuteilen, größer sein? Oder sollten solche Überlegungen sogar den Termin dieser Reise fixiert haben? Wie auch immer, der Reisebericht erschien am 25. Dezember 1930.

Ich sah die riesenhaften Schlote im Halbkreis heranrücken,
gegen Tote und Lebende, gegen Friedhöfe und Höfe, immer näher
rückten sie, den Rauch, der alles zuerst verpesten sollte, schickten sie
voraus. Es war ein Generalangriff der Schlote, immer enger wird ihr
Halbkreis, immer dichter schließt sich ihr fürchterlicher Bogen.

Spätestens als Joseph Roth wieder in der Straßenbahn saß, gen Merseburg fuhr, dürfte ihm auch der Titel eingefallen sein, der seinem Anliegen gerecht werden konnte, da er die Dimension der geschilderten Gefährdung schlagartig erweiterte: Der Merseburger Zauberspruch.

Weg ist weg! Ab mit Schaden! Gegen die Technik kommt keener an...
Falls Joseph Roth noch selben Tags nach Berlin zurückwollte, es ihn an den Schreibtisch zog, könnte er, um in Halle den D15 zu erreichen, von Merseburg aus im Personenzug kurz nach 16 Uhr die Gegend verlassen haben, von der er sagen würde, er wisse nicht, ob sie verzaubert oder verflucht sei.

Hier vollzieht sich der Untergang der Welt, auf daß sie gedüngt werde.

Typischer Zollinger-Bau: Dürer-Schule in Merseburg

geboren am 31.3.1880 in Wiesbaden, besucht die
Oberrealschule Wiesbaden, ab 1898 Studium an der
Technischen Hochschule Darmstadt, arbeitet dabei von
1900–02 bei dem Architekten Jakobi und 1905–06 beim
Gemeindebauamt Völklingen, 1907 Diplomexamnen, dient
ein Jahr beim Füsilierrgt. 80 Wiesbaden,
1908–11 Regierungsbauführer im hessischen
Finanzministerium, läßt 1910 die von ihm erfundene
Zollbauweise patentieren, erhält als Architekt zahlreiche
Preise, 1911–12 städtischer Architekt in Aschaffenburg,
1912–18 Stadtbaumeister in Berlin-Neukölln, ab 1916
Kriegsdienst, 1918–30 Stadtbaurat in Merseburg,
Geschäftsführer der Merseburger Baugesellschaft bis 1931,
zieht 1932 nach Darmstadt, 1933 nach Wiesbaden und
1935 nach München, wird 1939 Mitglied der Reichskammer
der bildenden Künste, stirbt am 19.4.1945 in Aising-Kaltmühl
bei Rosenheim.

Friedrich Zollinger

Kein anderer Baumeister, Planer oder Architekt beeinflußte das Stadtbild des prosperierenden Merseburg so nachhaltig zugunsten des Ortes wie Friedrich Zollinger. Und wären nicht nur einige, sondern alle seine Merseburger Entwürfe und Projekte verwirklicht worden, hätte sich die Saalestadt in den zwanziger Jahren dieses Jahrhunderts wohl zu einem modernen Industriezentrum mit beachtlicher Wohn- und Lebensqualität entwickelt. Entgegen Bauhausideen, die alsbald zur Großblockbauweise führen sollten, zielte Friedrich Zollinger auf eine Weiterentwicklung der Gartenstadtidee bei Bewahrung handwerklicher Traditionen in Synthese mit Technologiefortschritt und Selbsthilfe. Dennoch wurde er Anfang Dezember 1930, als im Merseburger Stadtparlament seine Wiederwahl zum Stadtbaurat anstand, mit 16 zu 10 Stimmen nicht in seinem Amte bestätigt. Sollten ihm etwa gerade durch seine großzügigen Projekte Feinde erwachsen sein?

Als sich die Merseburger Abgeordneten Anfang Dezember 1918 mehrheitlich für Friedrich Zollinger als neuen Stadtbaurat entschieden, dürften dafür wohl dessen hervorragende Referenzen den Ausschlag gegeben haben. 1904 war er für seinen Bebauungsplan des Dearnschen Terrains in Wiesbaden prämiert worden, 1909 für den Bebauungsplan der Saarbrücker Obertorstraße, 1911 für die Bebauung des Geländes der St. Johann Kirchengemeinde zu Basel, 1913 für die Bebauung des Geländes der St. Agatha Kirchengemeinde zu Aschaffenburg, die Bebauung eines Villengeländes in St. Gallen und den Bebauungsplan des Wiesbadener Bahnhofsvorgeländes, 1914 für den Bebauungsplan Berlin-Reinickendorfs und den Bebauungsplan für das westliche Havelgelände zwischen Gatow und Clatow südlich Spandaus, 1916 für die Umgestaltung des Garde-du-Corps-Platzes sowie den Entwurf des anrainenden Henschelbades in Kassel. Und zuguterletzt war Friedrich Zollinger während seines Kriegsdienstes in der Baudirektion Gent mit dem Eisernen Kreuz 1. Klasse ausgezeichnet worden.

In Merseburg hatte der neuberufene Stadtbaurat Zollinger gegen eine schlimme Wohnungsnot anzukämpfen. Schnell erkannte er, daß diese Wohnungsnot in Merseburg nicht nur auf die stete natürliche Bevölkerungszunahme und den Stillstand der Bautätigkeit während des 1. Weltkrieges zurückzuführen war, sondern hier, im Gegensatz zu vergleichbaren deutschen Städten, noch zwei weitere Faktoren wirkten: *a) die Entwicklung zur Industriestadt, infolge der Lage im Mittelpunkt des mitteldeutschen Braunkohlegebietes und insbesondere durch die Gründung des Leunawerkes im Süden der Stadt; b) die Aufnahme einer ungewöhnlich hohen Zahl von Flüchtlingen aus den abgetrennten ehemaligen Reichsgebieten.*

Umgehend erarbeitete Friedrich Zollinger ein umfassendes, langfristiges, doch auch sofort zur Wirkung kommendes Konzept, das in seinen wichtigsten Punkten vorsah: *1. Teilung großer Wohnungen und Einbauten in Privatwohnungen und Böden; 2. Bau von Notwohnungen in Baracken; 3. Eigenbau der Stadt; 3a. Unterstützung der Selbsthilfebauten durch Hergabe billigen Baulandes und Lieferung billiger Baustoffe auf Vorschuß; 4. Gründung von gemeinnützigen Baugesellschaften durch die Stadt unter Einbringung eines Einlagekapitals; 5. Herstellung von Wohnräumen für Rechnung Dritter zum Selbstkostenpreise unter Bereitstellung von billigem Bauland und von Baumaterialien.* Tatsächlich konnten dank dieser klaren Konzeption in nur zehn Jahren, von 1919 bis 1929, in Merseburg 1086 Neubauten, 2523 Wohnungen und 12189 Wohnräume geschaffen werden, was fast einer Verdoppelung des vorhandenen Wohnraumes entsprach. Zur Jahrhundertwende hatte man in Merseburg insgesamt erst 1364 Häuser gezählt!

Und Friedrich Zollinger trug zur Milderung der katastrophalen Merseburger Wohnungsnot keinesfalls nur konzeptionell bei. Bereits 1910 hatte er die von ihm erfundene Zollbauweise patentieren lassen, Dachkonstruktionen, die nun in Merseburg ob ihrer Kostengünstigkeit und leichten Handhabbarkeit insbesondere beim Selbsthilfebau breite Anwendung fanden. Nicht minder wichtig für die bestmögliche Bewältigung des Merseburger Wohnraumproblems in der notwendigen Größenordnung und unter dem durch die Industrialisierung zwingend vorgegebenem Zeitdruck waren Erfahrungen, die Friedrich Zollinger bei Experimenten mit sogenannten Stampf- oder auch Schüttbeton gewonnen hatte. Dieses Gemisch aus Schlacke, Sand, Kies, Asche und Zement, vor Ort in Wand- und Deckenformen gegossen, erwies sich beim Merseburger Siedlungsbau als ideales Material. In erstaunlich kurzer Zeit entstanden die Siedlungen Rittersplan, Jorck'scher Plan, Glaß'scher Plan, Fleischhauer'scher Plan, Liebmann'scher Garten, Klause, Preußen, Exerzierplatz, Geusaer Straße und Damaschkestraße sowie Häuser in der Jahnstraße, Thietmarstraße, Christianenstraße und am Roten Brückenrain. Beim Bau der Siedlung Siegfriedstraße wurde die Baustelle dann bereits *als gut organisierte moderne Fabrik betrachtet, in der die Wohnungen am laufenden Band hergestellt werden konnten.* Und bei der Errichtung der Gagfah-Siedlung schließlich fanden erstmals sogar sogenannte Bauschiffe, riesige bewegliche Baugerüste, Verwendung. In knapp einem Jahr entstanden so hier allein Wohnungen für 750 Familien!

Friedrich Zollinger mühte sich jedoch nicht nur als Stadtbaurat, Planer und Architekt, Patentinhaber, Materialfachmann und Technologe um die Lösung des Merseburger Wohnungsproblems, sondern auch als Geschäftsführer der von ihm gegründeten Merseburger Baugesellschaft. Ob etwa diese enge, zweifellos mit beträchtlichen Einnahmen verbundene Verquickung von Amt und Geschäft Neider hervorgerufen hatte? Doch wie sollte das, was Friedrich Zollinger für Merseburg leistete, sonst geleistet werden? Und wer sonst hätte das, was er in Personalunion vollbrachte, vergleichbar gut vollbringen können?

Dabei war der Wohnungsbau nur eine der Aufgaben, der sich Friedrich Zollinger in Merseburg stellte. Er entwarf einen Generalbebauungslan, der erstmals Umgehungsstraßen in Richtung Halle-Weißenfels sowie nach Leipzig hin vorsah. Darin enthalten war auch ein sich von Süden nach Norden quer durch die Stadt ziehender Grünstreifen, der unter Einschluß zahlreicher Sport- und Spielflächen Verbindung zu einem sich um die Stadt ziehenden Parkgürtel erhalten sollte. Bedacht war weiterhin die Einbindung des geplanten Merseburger Hafens in die Infrastruktur der Stadt. Friedrich Zollinger paßte die Neumarkts-, Linden- und Schulbrücke dem gewachsenen Verkehrsaufkommen an. Er erweiterte Krankenhaus, Rathaus und Schlachthof, terrassierte das Ufer des Gotthardtsteiches und den Damm, baute eine Großgarage und Obdachlosenquartiere, ein neues Verwaltungsgebäude für das Wohlfahrtsamt, das neue Kreishaus und nicht zuletzt die Albrecht-Dürer-Schule, die bei ihrer Einweihung im Jahre 1929 in Gestaltung und Funktionalität als eine der modernsten Schulen Europas galt.

Und Friedrich Zollingers Vorstellungen gingen noch viel weiter: *Als in nächster Zukunft notwendig stellen sich heraus: der Bau einer weiteren Volksschule, einer Mittelschule, einer Oberrealschule und einer Berufsschule nebst den erforderlichen Turnhallen, Sport- und Spielplätzen, Lern- und Arbeitsgärten usw. In der Nähe des projektierten katholischen Krankenhauses wird man auch an den Bau von Kirchen denken müssen. Eine Stadthalle und Schwimmbad in organischer Verbindung ist längst Wunsch und Notwendigkeit weitester Volkskreise.*

Dieses Stadthallenprojekt aber, ein moderner Kulturbau am Südufer des Gotthardtsteiches, könnte den Streit ausgelöst haben, der Friedrich Zollinger letztlich sein Amt als Merseburger Stadtbaudirektor kostete. Zu teuer, zu mondän, zu sehr die Merseburger Baugesellschaft im Gegensatz zu privaten Handwerkern und anderen Anbietern bevorteilend, und die Kultur sollte außerdem ruhig noch ein bißchen warten, so wichtig konnte ein Stadthallenbau angesichts der Weltwirtschaftskrise ja wohl nicht sein, oder?

Im März 1929 war Oberbürgermeister Hertzog aus dem Amt gechieden, in Merseburg von Anfang an Friedrich Zollingers oberster Dienstherr. Möglicherweise herrschte zwischen beiden eine gewisse Kongenialität, beschäftigte sich doch auch Karl

Hertzog intensiv mit Entwicklungskonzeptionen der Stadt. Immerhin publizierte er 1927 die Broschüre „Verwaltung und Wirtschaft im Verhältnis zueinander insbesondere im Merseburg der letzten 10 Jahre". Nicht auszuschließen also, daß Oberbürgermeister Hertzog die weitsichtigen Pläne seines Stadtbaudirektors des öfteren gegen kleingeistige Angriffe verteidigt hatte, und Friedrich Zollinger diese Unterstützung durch den neuen Oberbürgermeister Dr. Mosebach, der alsbald ein strammer Nazi sein würde, nicht fand.

Im Jahre 1930 schrieb die Stadtverwaltung Merseburg die Stelle des Stadtbaudirektors öffentlich aus, woraufhin 141 Bewerbungen eingingen. Dreißig Bewerber kamen in eine weitere, vier in die engere Wahl. Am 5. Dezember 1930, vier Tage vor der alles entscheidenden Stadtverordnetensitzung, beschlossen Abgeordnete, den Antrag einzubringen, die Amtszeit Stadtbaurats Zollingers erst einmal bis 31. März 1931, und notfalls sogar auf Honorarbasis, zu verlängern. Dieser Antrag wurde aber mit 16 zu 10 Stimmen abgelehnt. Und um weitere Diskussionen zu verhindern, brachten Kühn und Genossen, die Kommunisten, die derzeit stärkste Fraktion des Merseburger Stadtparlaments also, ihrerseits den Antrag ein, die Entscheidung über die Neubesetzung der Stadtbauratstelle bis auf weiteres zu vertagen. Und dieser Antrag nun wurde mit 16 zu 10 Stimmen angenommen...

Damit war Friedrich Zollinger, dessen Arbeitsvertrag mit dem Merseburger Magistrat nach zwölfjähriger Amtszeit am 8. Dezember 1930 endete, definitiv aus dem Spiel. Es muß ihn verbittert haben, daß dies gerade auf Antrag einer Arbeiterpartei, nachdem er doch so unglaublich viel für den sozialen Wohnungsbau, für die Verbesserung der Wohnsituation tausender Arbeiter getan hatte, geschah, und es muß ihn verbittert haben, wie dies alles geschah. Die Presse schrieb, daß man selbst vor ehrverletzenden Angriffen nicht zurückschreckte. Grundstücksspekulation? Amtsmißbrauch? Korruption?

Alsbald trat Friedrich Zollinger seinerseits auch als Geschäftsführer der Merseburger Baugesellschaft zurück. Und wie um zu beweisen, was man an ihm verlor, entwarf und baute er zu unvergleichlich günstigen Konditionen für die evangelische Gemeinde Freiimfelde deren Gotteshaus, die Kreuzkapelle. Nachdem aber auch seine Bewerbung für die Stelle als Leipziger Stadtbaurat abgelehnt worden war, und er mit dem Merseburger Magistrat wegen mehrmaliger Kürzung seiner Ruhestandsbezüge in ständigen Querelen lag, gab er die Villa, die er für sich und seine Familie am Stadtpark erbaut hatte, auf und verließ Merseburg für immer.

Weitere Schicksalsschläge, so der Konkurs des Berliner Zollbausyndikats und der Hamburger Zollbaugesellschaft, die die Zollbauweise weltweit zu vermarkten suchten, und der plötzliche Tod seiner Frau, trieben Friedrich Zollinger fast in den Ruin. Jahre später fand er aber die Kraft für eine zweite Ehe, wurde sogar nochmals Vater. Und die von ihm erfundene Zollbauweise setzte sich schließlich tatsächlich weltweit durch.

Nur in Merseburg, wo seine Bauverfahren erstmals großflächig zur Anwendung kamen, schien das Wirken Friedrich Zollingers jahrzehntelang vergessen, solange zumindest, wie die Parteigänger jener Fraktion, die den Stadtbaurat Zollinger offenbar aus parteipolitischem Kalkül schnöde stürzten, hier an der Macht waren. Was wären seine Ideen für die 1968 begonnene, sogenannte Rekonstruktion der Merseburger Altstadt wert gewesen! Mit Sicherheit hätte ein Mann wie Friedrich Zollinger die historisch gewachsene Innenstadt nicht durch Großblockbauweise zerstört, nein, einem wirklichen Baufachmann und allseits versierten Städteplaner wie Friedrich Zollinger wäre engstirnig ökonomistisches Vorgehen wohl nie in den Sinn gekommen. Sein Werk spricht dagegen.

Siegfried Berger

geboren am 20.12.1891 in Merseburg, besucht das
Merseburger Domgymnasium, studiert in Tübingen, Halle,
Berlin und Marburg, ab 1914 Kriegsdienst, 1918 Promotion,
Dr.phil., Studienassessor, Redner an Volkshochschulen,
1922 Aushilfs-, dann Chefredakteur des „Merseburger
Korrespondent", 1927 Mitarbeiter der Provinzialverwaltung,
ab 1928 Landesrat der preußischen Provinz Sachsen, 1945
Präsident des Regierungsbezirkes Halle-Merseburg,
veröffentlicht Romane, Erzählungen, kulturhistorische
Betrachtungen und Sammlungen,so u.a.: „Das Probejahr"
1924, „Uta und der Blinde" 1932, „Die tapferen Füße" 1933,
„Die Schwedenorgel" 1937, „Schlote wachsen ins Land"
1938, „Nausikaa" 1941, „Mitteldeutsches Lesebuch" 1943,
„Der unhöfliche Rabe" 1946, stirbt am 27.3.1946 in Halle,
wird auf dem Merseburger St. Viti-Friedhof beigesetzt.

Siegfried Berger

Er sehe keinen unlösbaren Gegensatz zwischen praktischem Beruf und Schriftstellerei, sondern nur die Schwierigkeit, für beides Zeit und Kraft zu finden, bekannte Siegfried Berger in seiner *Selbstanzeige eines Fünfzigjährigen*. Nur wenige Monate zuvor dürfte er im Nachwort der zweiten Auflage seines Buches *Schöpferische Menschen aus Mitteldeutschland* umrissen haben, was ihn diese mitnichten geringe Schwierigkeit stets aufs Neue überwinden ließ: *Es ist gewiß, daß es sich in manchen Teilen der mitteldeutschen Landschaft nicht mehr leicht lebt. Um so deutlicher sehen wir die Notwendigkeit, daß wieder ein zusammenfassendes Heimatgefühl entsteht, auch für die, die sich erst einleben müssen. Dazu kann die Erkenntnis etwas beitragen, daß Mitteldeutschland alter Kulturboden ist mit einem Menschenschlag, der dem Vaterlande von jeher viele, echt schöpferische Menschen gestellt hat.*

Siegfried Berger schienen die Veränderungen in seiner Heimatstadt Merseburg wie deren näherer und weiterer Umgebung, die rapide Industrialisierung, die fortschreitende Urbanisierung, seit langem zu beschäftigen. Aus musischem Elternhaus stammend und im Land zwischen Saale, Unstrut und Elbe vor allem kulturell zu Hause, spürte er zweifellos, daß mit dieser allgemein als Fortschritt gepriesenen Entwicklung nicht zu unterschätzende Gefährdungen einherliefen, massenweiser Identitätsverlust, alltägliche Entfremdung bis hin zur Entwurzelung und geistigen Verödung.

Wäre Siegfried Berger, seiner Ausbildung entsprechend, als Lehrer an höheren Schulen angestellt worden, was aufgrund der wirtschaftliche Situation nach dem 1. Weltkrieg aber unmöglich war, hätte er diesem Schwinden von Kulturlandschaft wohl hauptsächlich pädagogisch entgegenzuwirken versucht. Und politische Einflußnahme sollte ihm aufgrund seiner aufrechten liberalen Gesinnung schon im Merseburg der zwanziger, mehr noch in den dreißiger und vollends in den frühen vierziger Jahren beschnitten sein.

Als Redakteur des vielgelesenen *Merseburger Korrespondent* fand er neben einer gewissen finanziellen Sicherheit dann jedoch auch erstmals die Möglichkeit, etwas zum Erhalt und zur Pflege mitteldeutscher Kultur zu tun. Unter seiner Leitung erreichte diese Tageszeitung ein beachtliches Niveau. Siegfried Berger selbst veröffentlichte nicht selten unter den Pseudonymen *Chronos* oder *Montanus*: Theater- und Konzertkritiken, landschafts-gebundene Kulturbetrachtungen, eine Merseburger Wochenchro-nik und bald sogar eigene Gedichte. Er widmete sich auch der Pflege der Merseburger Mundart, gab 1925 die *Merscheborcher Babeleien von Baul von dr Saole* heraus. Paul Kuhnt, der später als der Verfasser dieser Babeleien gelten sollte, fand beim *Merse-burger Korrespondent* unter Siegfried Berger eine Anstellung als Lokalredakteur. Und ebenso wenig war es ein Zufall, daß Sieg-fried Berger den hochbegabten, als Autor des Buches *Stimme aus dem Leunawerk* alsbald weit über Merseburg hinaus bekannten Walter Bauer beschäftigte und förderte.

Für Siegfried Berger eröffneten sich durch die Förderung seines Parteifreundes, des Landeshauptmannes Dr. Hübener, ungeahnte Perspektiven. Er wechselte in den Staatsdienst über, war schließlich ab 1928 als Landesrat der Provinzialverwaltung der preußischen Provinz Sachsen in Merseburg verantwortlich für die Anstaltsfürsorge und das Hilfsdezernat für Finanzen, doch auch für die Pressearbeit und vor allem für die landschaft-liche Kulturpflege, die Förderung der Landeskultur und des Museumswesens.

Dr. Hübener erinnerte sich: *Die Provinz hat niemals die Wahl zu bereuen gehabt und mir ist sie wahrhaftig auch niemals leid gewe-sen, obwohl ich mich noch recht gut entsinnen kann, daß mir Berger mit seinem brausenden Temperament, mit seiner Neigung zu ver-nichtender Kritik und mit seiner Mißachtung herkömmlicher Formen*

in den Dienstgeschäften und gelegentlich auch sonst zunächst bis-
weilen das Leben schwer machte, bis er begriff, daß der öffentliche
Beamte nicht so wie vielleicht der Tagesschriftsteller den Einge-
bungen des Tages und seiner subjektiven Stimmung folgen darf...

Und Siegfried Berger nahm Verantwortung für den Erhalt mitteldeutscher Kulturlandschaft noch weit über seine dienstlichen
Möglichkeiten hinaus wahr, wurde Geschäftsführer des Heimat-
bundes der Provinz Sachsen und des Landes Anhalt, des Muse-
umsverbandes der Provinz Sachsen und des Landes Anhalt, der
Gesellschaft der Freunde der Martin-Luther-Universität Halle-
Wittenberg sowie des Lauchstädter Theatervereins.

1933 blieb der, mittlerweile auch als Verwaltungsfachmann
gerühmte Siegfried Berger, im Gegensatz zu seinem Förderer
Dr. Hübener, im Amt, lehnte das ihm angetragene Ansinnen, der
NSDAP beizutreten jedoch kategorisch ab, wurde mit Gehalts-
kürzung und Beförderungsverbot belegt. Dr. Hübener urteilte
später so: *Weil er weniger gefährlich schien als ich..., hatte er in der*
Arbeit zu bleiben. Man hat in den folgenden Jahren seine Kraft und
sein Wissen nach Möglichkeit ausgebeutet. Aber man hat ihn von
dem, was politisch wichtig schien, so gut wie irgend möglich fern
gehalten. Das geschah besonders, nachdem er den Mut gezeigt hatte, einer
dem Nationalsozialismus wichtigen Maßnahme, der sogenannten Ab-
tötung lebensunwerten Lebens, Widerstand zu leisten. So wurde er in der
Hauptsache auf das Gebiet der Kulturpflege, das den ungebildeten
Machthabern weniger bedenklich schien, abgedrängt. Hier war er
aber gerade in seinem ureigensten Element. Als das zwölfjährige
Reich zu Ende ging, gab es im geistigen Leben der Provinz Sachsen
kaum einen Menschen, für den Siegfried Berger nicht ein lebendiger
Begriff gewesen wäre.

Nur folgerichtig also, daß der, am 1. Juli 1945 wieder als
Landeshauptmann eingesetzte und schließlich zum Minister-
präsidenten Sachsen-Anhalts avancierende Dr. Hübener, Siegfried Berger zu seinem Stellvertreter berief, und, nachdem Ver-
waltungen neu strukturiert waren, Siegfried Berger am 24. Juli
1945 Präsident des Regierungsbezirkes Halle-Merseburg wurde.
Zudem wählten die Gründungsmitglieder des Kulturbundes

Siegfried Berger im Oktober 1945 zum ersten Vorsitzenden der Landesleitung Sachsen-Anhalt.

Er sehe keinen unlösbaren Gegensatz zwischen praktischem Beruf und Schriftstellerei, hatte der fünfzigjährige Siegfried Berger geschrieben, und tatsächlich gelang es ihm bis an sein Lebensende überzeugend diese Selbstverpflichtung einzulösen. Aus einer jugendlich schwärmerischen Neigung zum Schreiben und seinen Philosophie-, Theologie-, Germanistik- und Geschichtsstudien war Siegfried Berger durch das Schlüsselerlebnis 1. Weltkrieg die Berufung zum Schriftsteller erwachsen. Es sollte jedoch Jahre dauern, bis er seine quälenden Kriegserfahrungen erzählerisch zu verarbeiten vermochte. 1933 erschien sein Band *Die tapferen Füße*, Kurzprosa, die ohne Zweifel zur Antikriegsliteratur zu zählen ist. Reaktionen auf dieses wichtige Bergersche Werk, dürften dem Autor aber einiges Unbehagen bereitet haben. So schrieb Edwin Erich Dwinger, eingefleischter Chauvinist, dem Verleger Siegfried Bergers einen lobenden Brief, und im *Führer – Hauptorgan der NSDAP Gau Baden* erschien eine wohlwollende Rezension. Keine völlig neue Erfahrung für Siegfried Berger, war er doch am Volkstrauertag 1926, aus ähnlichem Unbehagen wohl, der Uraufführung seines Stückes Heilige Opfer demonstrativ ferngeblieben. Dr. Hübener sagte darüber in seiner Gedenkrede auf Siegfried Berger: *Er fühlte, daß jene nationalistisch gestimmte Zeit zum Krieg ganz anders stand als er und aus seiner Dichtung anderes heraus hörte, als er hatte hineinlegen wollen.* Eine zwieschneidige, wenn nicht gar widersprüchliche Angelegenheit, gewann Siegfried Berger in anderen Texten, dem 1934 erschienenen Roman *Glanz über einer kleinen Stadt* beispielsweise, dem Soldatsein durchaus auch verherrlichende Züge ab.

Mit großer Beständigkeit aber wählte er immer wieder Merseburg und Umgebung zu Schauplätzen seiner mehr als zwanzig, meist in mehreren Auflagen erschienenen Bücher. Aus dieser Landschaft zog er Phantasie, Fabulierfreude und Gestaltungskraft, hier war er auch literarisch zu Hause. Dabei nannte er seine Heimatstadt nur selten beim Namen, Handlungsorte wie Dom und Domgymnasium, Kreuzgang, Schloß und Schloßhof, Exerzierplatz und Ressource oder die Gasthäuser Zur Sonne, Zum Halben Mond, Tivoli und Goldener Arm ließen jedoch keinen Zweifel aufkommen, wo die Figuren seiner Romane, Novellen, Schnurren und Erzählungen agierten. Und nicht selten waren Bergersche Figuren als Merseburger Originale oder stadtbekannte Persönlichkeiten zu erkennen, der herrische Freiherr v.d.R., Blaue Husaren, bornierte Gymnasiallehrer, geizigschrullige Beamte, der Stadttürmer, der Domküster, der Lohndiener Ackermann, der Angestellte Faber – typische Vertreter ihrer Stadt in ihrer Zeit waren die Bergerschen Figuren allemal. Und natürlich basierten Handlungen Bergerscher Geschichten immer wieder auf Merseburger Ereignissen: Feuersbrünste, Kaisermanöver, Kinderfeste, Märzkämpfe...

Siegfried Berger bevorzugte einen spöttisch heiteren Ton. Schon sein erster Roman *Das Probejahr* wurde von dieser Erzählhaltung getragen. Nicht auszuschließen aber, daß dem Erzähler Berger das Heitere zuweilen nur Fassade war, er so schmerzliche Erfahrungen, Unbewältigtes und Tabuisiertes zu übertünchen versuchte. Denn augenfällig scheint, daß das Heitere im Werk Siegfried Bergers mit Beginn des Dritten Reiches und mehr noch während des 2. Weltkrieges an Bedeutung gewann. Und literatur- und kulturhistorische Veröffentlichungen dürften ihm zunehmend und notwendigerweise zum Gegengewicht geworden sein, seine Betrachtung der Merseburger Zaubersprüche, die Herausgabe von Werken der Weißenfelser Schriftstellerin Louise von Francois und des aus Wiehe stammenden Historikers Leopold Ranke, seine Würdigung des Querfurter Dichters Johannes Schlaf und nicht zuletzt seine kundige und um Verständnis für mitteldeutsche Geistestradition heischende Trilogie *Schöpferische Menschen aus Mitteldeutschland, Deutsches Antlitz nach unbekannten Bildwerken aus der Provinz Sachsen und Mitteldeutsches Lesebuch.*

Unmöglich wohl wäre es Siegfried Berger gewesen nichts zu tun, zuzusehen, zu verstummen, er mußte seine Kreativität leben, hatte dabei das Glück einen findigen Verleger zu haben, seine Zeit trieb ihn um. Und umso mehr er schrieb, schien er anderweitige Wirkungs- und Hilflosigkeit kompensieren zu wollen. Insofern dürfte das Jahr 1941, sein fünfzigstes, den Höhepunkt seines Schaffens markieren: sieben Veröffentlichungen allein in diesem Jahr! In der *Glocknerfahrt* fand er hierbei Worte für seine literarische wie existentielle Heimat Merseburg, die sein Grundanliegen kaum besser verdeutlichen könnten: *Die Autofahrer und Geschwindigkeitsanbeter nennen dich ein verbautes Verkehrshindernis. Aber du hütest hinter all deinen Spießbürgereien alte Kronen und verwitterte, uralte Pergamente mit geheimnisvollen, tiefen Worten, du liebes Verkehrshindernis!*

Zeit und Kraft hätte Siegfried Berger 1945 mehr denn je gebraucht, der liberale Bezirkspräsident, demokratische Kulturpolitiker und angesehene Schriftsteller, doch war ihm, von Krankheit gezeichnet, beides immer weniger gegeben. Wie ein Vermächtnis scheint da, was er wenige Monate vor seinem Tod, Silvester 1945 schrieb:

> *Ja, Freunde, tiefstes Leid ist auch die Wende,*
> *Durch Tränen heilig! Hände schließt in Hände,*
> *Daß die geheimnis-starke Wunderkette*
> *Trotz Brand und Schutt das heilige errette!*

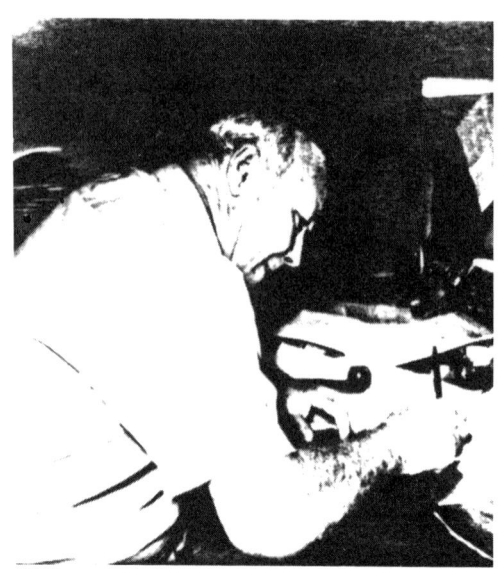

Walter Bauer

geboren am 4.11.1904 in Merseburg, besucht die
Merseburger Windbergschule, ab 1919 das Merseburger
Lehrerseminar, Mitarbeiter des „Merseburger
Korrespondent", Hauslehrer in Leuna,1929 erscheint sein
erster Gedichtband „Kameraden zu euch spreche ich", 1930
sein Buch „Stimme aus dem Leunawerk", 1931 sein Roman
„Ein Mann zog in die Stadt", veröffentlicht fortan zahlreiche
Romane, Erzählungen, Essays, Biografien und Gedichte,
später auch Hörspiele, ab 1929 Volksschullehrer, verzieht
nach Halle, im Dritten Reich als „erzieherisch unzuverlässig"
eingestuft, ab 1940 Soldat, 1946 aus englischer
Gefangenschaft entlassen, lebt bei München, dann in
Stuttgart als engagierter Schriftsteller, wandert 1952 nach
Kanada aus, Gelegenheitsarbeiten, studiert moderne
Sprachen, lehrt ab 1967 an der Universität Toronto als
Associate Professor, stirbt am 22.12.1976 in Toronto.

Walter Bauer

...wer mich vernimmt,
neugierig oder weil er Zeit hat, zu hören,
wer mich vernimmt,
in Deutschland, in den Ländern der Erde,
um bald zu vergessen, was ich gesagt habe,
beim Abendbrot alles zu vergessen –
dies ist die Stimme
aus den Werken der Welt –
halblaut, verkommen im Ozean der Werkverlassenheit,
ertrunken.
Das Wort aus den Stahlwerken von Pittsburg klingt
wie das Wort aus den Kohlengruben von Charleroi,
wie das Wort aus den Schwefelgruben von Messina,
wie meine halblaute Stimme
aus dem Leuna-Werk.

Kurt Tucholsky urteilte über Walter Bauer: *Hier ist alles, aber auch alles, was unsereiner immer sucht, aber so selten findet, Empfindung, ein Herzenston, Abwesenheit jeder Sentimentalität, voll von echtem Gefühl.* Für Hermann Hesse gehörten Walter Bauers Bücher *zum Schönsten und Erschütterndsten, was er aus dieser Generation überhaupt je gelesen* hatte. Franz Werfel lobte den Whitmanschen Ton der Bauerschen Gedichte, und auch Stefan Zweig und Ernst Toller zollten Anerkennung. Walter Victor schließlich nannte Walter Bauers Stimme aus dem Leunawerk: ein aus der sozialen Dichtung der Gegenwart nicht mehr wegzudenkendes Werk.

Meine Stimme hatte einst zu tun mit dem heitern Schulweg
und dem Ranzen auf dem kleinen Rücken, mit dem Zelt,

das wir aus Tüchern unserer Mütter auf den großen Plätzen bauten,
und wir jagten Büffel in der kindlich weiten Prärie.
Du, der es hört, Mensch aller Welt,
trugst du auch einen Ranzen auf deinem Rücken,
fuhrst du auch im halblecken Kahn auf dem grünen Fluß übers Wehr?
Du wunderbare längstgestorbene Kindheit!
Erst ging sie dahin, und wir wußten es nicht,
dann wurde sie noch einmal erschlagen im Werk...

Walter Bauer wuchs in Merseburg als fünftes Kind eines Fuhr-knechts und einer Aufwartefrau auf. Anfangs wohnte die aus Geusa stammende Familie Bauer im Merseburger Vorwerk, dann in der Roon-, der heutigen Herweghstraße und schließlich in der Louisenstraße, die später in Rosa-Luxemburg-Straße um-benannt wurde. Wohl nicht von ungefähr gab Walter Bauer einem, erst postum erschienenem Buch, in dem er einfühlsam seine Kindheit und Jugend in Merseburg beschreibt, den Titel *Geburt des Poeten*. Merseburg war ihm zweifellos mehr als nur ein Ort, in dem er zufällig groß wurde.

In einem 1973 in seiner späteren Wahlheimat Toronto geschriebenen Brief berichtete Walter Bauer davon, wie er kana-dischen Schülerinnen von *firsts* erzählt, von Augenblicken, *in de-nen ich gewisser Zusammenhänge zum ersten Male bewusst wurde.* Und natürlich beginnt er seine Erzählung mit dem Augenblick, *in dem ich meiner Sprache bewusst wurde, ihres Alters, ihres Werdens, der geheimnisvollen Tatsache, dass es lange Zeiten vor mir selber Menschen gegeben hatte, die Deutsch sprachen. Ich sprach von dem Tag, an dem unser Lehrer... Karl Gutbier, uns zum Domkapitel gefuehrt hatte, um uns die Merseburger Zaubersprueche zu zeigen; und ich zitierte einen der alten magischen Sprueche. Da, so schien mir und ich versuchte es, den jungen Kanadierinnen zu erklaeren, geschah etwas, was dem Jungen bewusst und unbewusst, wie man will, ins Blut ging, und das war einer jener unvergesslichen Augen-blicke des Erwachens. Und ich sprach von anderen Dingen, anderen Augenblicken, die mit meiner alten kleinen Stadt verbunden waren und immer verbunden bleiben wuerden...*

Dank der Förderung, insbesondere durch seinen Lehrer und späteren Rektor der Windbergschule Gustav Röth, konnte der begabte, doch mittellose Walter Bauer nach Abschluß der Volksschule das Merseburger Lehrerseminar besuchen. Eine Anstellung als Lehrer fand er Anfang der zwanziger Jahre jedoch nicht. Dafür aber wurde der damalige Chefredakteur des *Merseburger Korrespondent*, Dr. Siegfried Berger, auf den jungen Walter Bauer aufmerksam, gab ihm erste Schreibaufträge, förderte darüberhinaus wo er konnte. *Von nun an schreibe ich Berichte, Zeile zu zehn Pfennig, über alles, Sitzungen der Kriegervereine, Familienabende der Kirchengemeinden, ich fange an, das zu sehen, das Gesehene sind die Bausteine zum Denken. Der Redakteur B., menschlich, freundlich, verschafft Buchbesprechungen, zuletzt die Redaktion der Kinderwochenzeitung des Blattes mit vierzig Mark monatlich.*

1928/29 arbeitete Walter Bauer dann in Leuna, Preußenstraße 1a, als Hauslehrer, und schließlich wurde er in Halle, wohin er nun auch verzog, doch noch als Volksschullehrer eingestellt.

Ein dritter Förderer hatte seinem Leben aber inzwischen eine entscheidende Wende gegeben: Walter Victor veröffentlichte 1928 in der Weihnachtsausgabe des in Zwickau erscheinenden *Sächsischen Volksblattes* auf einer ganzen Seite Gedichte Walter Bauers. Und Walter Victor stellte auch den ersten Gedichtband des aufstrebenden Merseburger Autors zusammen. Pünktlich zum 25. Geburtstag Walter Bauers lag sein erstes Buch *Kameraden, zu euch spreche ich vor*. Und zuguterletzt beförderte Walter Victor auch das Buch, das 1930 im Berliner Malik-Verlag erschien und Walter Bauer schlagartig als Schriftsteller bekannt machen sollte: *Stimme aus dem Leunawerk.*

Ich gebe dir jetzt Bericht von meinem Leben:
von dem Aufstehn früh oder wann immer Zeit zur Schicht ist,
von der schmalen Tür der Kontrolle und der abgetretenen Treppe.
Jetzt sind wir da, jetzt sterben wir den ganzen Tag,
und wer Nachtschicht hat, stirbt die Nacht.
Die Maschinen schreien, schrein – und es ist so still.

Die Stimme der Motoren verwandelt sich in die Werkseinsamkeit.
Oh, der Himmel am Morgen und die Finsternis der Nacht!
Ich will zu dir sprechen von dem Genossen Tod unter uns,
immer dicht neben mir. Von meiner Heimkehr,
heim in mein Zimmer!
Ich sehe das Krankenauto fahren, ich sehe den Meister gehen,
die Schornsteine wehen, die Hämmer schlagen, die Gebläse,
die Sirenen, die Urwaldstimmen, – genug, genug, ich bin ge-
hetzt!...

Als das Buch Stimme aus dem Leunawerk entstand, notierte
Walter Bauer: *Ich kann mich nicht besinnen, wie es kommt, daß*
ich etwas über Leuna schreibe. Es entsteht das Leuna-Gedicht an
meine Freundin auf einer Fahrt nach Halle, das weiß ich noch.
Auf einmal ist das Gesicht des Werkes da, erhebt sich vor mir, die
Türme rauschen, die Explosionen zerreißen das Gehör. Ich lausche,
ich mache meine Sinne auf, ich schreibe, im Schreiben dringt etwas
aus mir, was verborgen war.

Wie tief Walter Bauer vom Alltag des Chemiegiganten Leuna
und dem Schicksal, das dieses Riesenwerk zahllosen Menschen
des Merseburger Landes aufzwang, beeindruckt war, beweist
wohl, daß er der Hauptfigur von *Stimme aus dem Leunawerk* den
Namen Hiob gab. Für den im beschaulichen Merseburg heran-
gewachsenen Autor dürften die durch die radikale Industrialisierung des Umlandes ausgelösten Prozesse wahrhaft biblische
Dimensionen erreicht haben. In seinem ersten, 1931 erschienenen Roman *Ein Mann zog in die Stadt* gestaltete Walter Bauer
dann mit autobiografischen Zügen den Werdegang einer in den
Strudel der Industrialisierung und Urbanisierung geratenen
Familie, warmherzig, detailgenau, beeindruckend.

Solch stimmige Prosa sollte ihm sobald nicht wieder gelingen;
relativ farblos und gefühlig blieben Erzählungen wie *Die Horde*
Moris – Folgen wohl des Lebens im Dritten Reich, in dem der
Lehrer Walter Bauer als *erzieherisch unzuverlässig* eingestuft
wurde. Nicht ohne Einfluß auf den Erzähler Walter Bauer dürfte
jedoch auch gewesen sein, daß er nun nicht mehr in Merseburg,

nicht mehr in der Stadt, die ihn geprägt hatte, wohnte, sondern in Halle. Und 1940 mußte Walter Bauer in den Krieg.

Er schrieb jedoch weiter, Schreiben schien ihm nun nicht selten lebenserhaltend gewesen zu sein: jeder Satz ein Versuch Menschenwürde und Kultur zu bewahren. So erschienen 1943 *Bis zum Hahnenschrei* und 1944 *Tagebuchblätter aus dem Osten.* In Italien geriet Walter Bauer in englische Gefangenschaft; 1946 entlassen, kehrte er nicht zu seiner um Jahre älteren Frau, kehrte er nicht nach Halle, nicht nach Mitteldeutschland zurück, lebte nun in München und Stuttgart, heiratete eine Tochter Ernst Wiecherts. Und 1952 wanderte er dann sogar nach Kanada aus. Obwohl er vielbeachtete Bücher wie *Dämmerung wird Tag, Bericht aus der Tiefe* oder *Das Gewissen Europas* veröffentlicht hatte, vermochte er im, durch restaurative Bestrebungen gekennzeichneten, Nachkriegs-Westdeutschland keine neue Heimat zu finden.

Für seine Nansen-Biografie *Die langen Reisen* wurde Walter Bauer 1956 mit dem Albert-Schweitzer-Buchpreis geehrt. Und zählt man die in seiner Wahlheimat Kanada entstandenen Werke, so beispielsweise das 1967 erschienene Tagebuch *Ein Jahr*, hinzu, muß Walter Bauer mit seinen über fünfundsiebzig eigenständigen Buchpublikationen, wobei sein vor allem tagebuchartiger Nachlaß noch der Veröffentlichung harrt, als einer der produktivsten und engagiertesten deutschen Autoren seiner Generation gelten. Dennoch wurde er in Deutschland-Ost wie in Deutschland-West so gut wie vergessen. Ein kulturgeschichtliches Tabellenwerk, in den achtziger Jahren in Ost-Berlin herausgegeben, bezeichnet Walter Bauer skurillerweise als kanadischen Autor, eine Literaturgeschichte aus dem selben Hause nennt ihn einen BRD-Schriftsteller. Und in einschlägigen westdeutschen Autorenverzeichnissen fehlte sein Name alsbald völlig. Unmißverständlich so, wohl Walter Bauers Grabinschrift: *Der Weg zählt, nicht die Herberge.*

Meine Stimme wird bald verlöschen, glaube nicht,
daß du dich auf sie besinnen wirst oder nur auf einen
zärtlichen Nachklang.

Wenn morgen man bleich mich aufhebt
aus dem Schnee meines Schmerzes,
und es wird jemand sagen: tot –
wenn leer mein Zimmer stehen wird,
wenn du die Zeitung aufschlägst und liest
von einem Unglücksfall im Leuna-Werk,
– wer fragt: tat dieser Sturz weh?
Du erinnerst dich meiner doch nicht mehr, der starb.
Der schnell in schmerzlichem Fall verging,
war dein unbekannter Zeitgenosse W.B.

Friedrich Schorlemmer

geboren am 16.5.1944 in Wittenberge als
Sohn eines Pfarrers, Kindheit in der Altmark,
darf aus ideologischen Gründen nicht die Ober-
schule besuchen, Arbeit als Hausmeister, Abitur an einer
Abendschule, verweigert den Wehrdienst, studiert von
1962–67 in Halle Theologie, wird 1968 Vikar in Halle-West,
wirkt von 1971–78 in Merseburg als Jugend- und
Studentenpfarrer und seitdem in Wittenberg als Dozent am
Evangelischen Predigerseminar und als Prediger an der
Schloßkirche, nimmt am gesellschaftlichen Umbruch in der
DDR aktiv teil, gründet im August 1989 den „Demokratischen
Aufbruch" mit, wird für sein demokratisches Engagement im
Dezember 1989 mit der Carl-von Ossietzky-Medaille der
Internationalen Liga für Menschenrechte geehrt,veröffentlicht
u.a. „Träume und Alpträume" (1990), „Bis alle Mauern fallen"
(1991), „Worte öffnen Fäuste – Rückkehr in ein schwieriges
Vaterland" (1992).

Friedrich Schorlemmer

Friedrich Schorlemmer, von Günter Gaus als *Wortführer der Opposition in der DDR* bezeichnet, sagte über seine Merseburger Zeit, es seien wichtige, es seien prägende Jahre gewesen.

Von Anfang an mußte er sich als Merseburger Jugend- und Studentenpfarrer Anfeindungen der Staatsmacht erwehren. Die Stasi hatte schon bei seinem Weggang aus Halle gedroht, keinesfalls werde man ihn aus den Augen verlieren und ließ Friedrich Schorlemmer dann in Merseburg auch unermüdlich bespitzeln, provozierte, versuchte die kleine evangelische Studentengemeinde wieder und wieder zu unterwandern, menschliche Beziehungen zu zerstören. Die Hochschulleitung meinte, in der Entsendung eines Mannes namens Friedrich Schorlemmer in das neugeschaffene Amt eines Merseburger Studentenpfarrers, eine besondere Raffinesse der Kirche sehen zu müssen, trug die Technische Hochschule für Chemie Leuna-Merseburg doch seit 1964 den Namen des Marx-Freundes Carl Schorlemmer. Höchstverdächtig! Und tatsächlich sind in den Stammbäumen dieser beiden Schorlemmer gemeinsame westfälische Vorfahren zu entdecken! Friedrich Schorlemmer sagte über Carl Schorlemmer lapidar, er habe sich seiner nie geschämt, jedoch interessiere er ihn auch nicht sonderlich.

Wesentlich interessanter fand Friedrich Schorlemmer, der sich stets als sozialrevolutionären und emanzipatorischen Menschen verstand, da den jungen Karl Marx, oder genauer: das Menschenbild des jungen Marx. Über dieses Thema versuchte er in der Merseburger Studentengemeinde eine erste Verständigung, sehr zum Argwohn der Staatssicherheit wohl. Und auch all die anderen Themen, derer sich die Merseburger Studentengemeinde unter Leitung Friedrich Schorlemmers annahm, waren gewiß

nicht Ausdruck von Obrigkeitsdenken, Anpassung oder Duck-
mäusertum. Es gehörte zweifellos Mut dazu, sich in der DDR der
frühen siebziger Jahre mit der Umweltproblematik auseinander-
zusetzen, noch dazu in der von den Leuna- und Buna-Werken
schwerbelasteten Region um Merseburg und obendrein mit Studenten einer Hochschule für Chemie, die sich damals selbst gern
den Habitus einer *Roten* Hochschule verlieh. Nicht verwunderlich also, daß Friedrich Schorlemmer als seine wertvollste Merseburger Erfahrung, die Arbeit mit couragierten, ihm alsbald
freundschaftlich verbundenen Menschen zählte, Menschen aufrechten Ganges auch in schwierigen Situationen, Menschen wie
Hartmut Rudolph oder Karl Richter.

Neben philosophischen, ökologischen und Abrüstungsfragen
beschäftigte sich die Gruppe auch stets mit kulturellen Themen.
Es gab Verständigungsversuche mit ausländischen Studenten,
Arabern, Afrikanern, multikulturelle Ansätze also. Eine andere
Zielsetzungen war, den Merseburger Dom als musikalisch-lite-
rarisches Zentrum zu entwickeln. Insbesondere in der Zusam-
menarbeit mit dem Domorganisten Hans-Günther Wauer gelang
dabei Erstaunliches: experimentelle Reihen wie *Jazz und Orgel*
konnten etabliert werden, Musiker wie Ernst Ludwig Petrowsky,
Günter Sommer oder Conrad Bauer gastierten. Die Merseburger
Studentengemeinde lud aber auch namhafte Schriftsteller zu
Lesungen ein: Rainer Kunze, Stefan Heym, Uwe Grüning, Klaus
Schlesinger, und auch Bettina Wegener kam Mitte der siebziger
Jahre zu einer Veranstaltung. Darüberhinaus las und diskutierte
die Gruppe in der DDR noch unbekannte Weltliteratur, Albert
Camus, Max Frisch, Ernst Fromm, versuchte durch das Ver-
trautwerden mit Schätzen der Weltkultur und des Denkens ideo-
logische und kulturelle Verkrustungen aufzusprengen.

Brisant wurde dieses Bemühen, als man sich mit dem Werk
Rudolf Bahros zu beschäftigen begann. Im Oktober 1975 hatte
Rudolf Bahro an der THC Leuna-Merseburg seine Dissertations-
schrift *Voraussetzungen und Maßstäbe der Arbeitsgestaltung für
wissenschaftlich ausgebildete Kader im industriellen Reproduk-
tionsprozeß der entwickelten sozialistischen Gesellschaft* eingereicht.

Zwei Gutachter urteilten alsbald mit *cum laude* und einer sogar mit *magma cum laude*. Der Prorektor für Gesellschaftswissenschaften legte gegen diese *einseitige Beurteilung* jedoch Berufung ein. Zwei daraufhin bestellte Gutachter gaben *non sufficit*, empfahlen die Dissertation nicht anzunehmen. Begründung: unhistorische Konzeption, Diffamierung des Staates, verzerrtes Bild des real existierenden Sozialismus in der DDR, Infragestellung des Prinzips des demokratischen Zentralismus, Identifikation mit Einschätzungen des Gegners... Im Januar 1977 wurde die Dissertation Rudolf Bahros dann mit der Begründung, die wissenschaftlichen Voraussetzungen lägen nicht vor, wie empfohlen abgelehnt. Von all dem wußte die Merseburger Studentengemeinde natürlich nichts, erfuhr erst, was sich da in ihrem direkten Umfeld abgespielt hatte, nachdem im *Spiegel* ein Artikel über Rudolf Bahro und ein Auszug aus seinem Buch *Die Alternative* veröffentlicht worden war und auch das *Westfernsehen* berichtete. Im August 1977 wurde Rudolf Bahro von der Staatssicherheit verhaftet, 1978 wegen angeblicher nachrichtendienstlicher Tätigkeit verurteilt, 1979 nach weltweiten Protesten in den Westen abgeschoben... Was hätte Rudolf Bahros Buch *Die Alternative* für ein alternatives Denken in der *ökologischen Giftküche* Leuna-Merseburg, wie Friedrich Schorlemmer dieses Industriegebiet bezeichnete, bedeuten können!

Wir sind nicht nur in vielerlei Hinsicht immer wieder an die Mauern an den Grenzen unseres Landes gestoßen, sondern die Mauern waren auch in unserem Lande, sagte Friedrich Schorlemmer. Besonders deutlich wurde dies ihm und seiner Studentengemeinde auch im Versuch, Einspruch gegen die weitestgehende Zerstörung der Merseburger Altstadt zu erheben. *Wir hatten nichts zu sagen, und sie haben diese, ihre Kahlschlag-Politik, immer noch als etwas Modernes und Fortschrittliches ausgegeben. Warum sind wir eigentlich nicht alle gegangen? Wir hätten alle gehen müssen! Doch wir waren immer viel zu wenige, um wirklich etwas bewirken zu können. In Merseburg beispielsweise gab es noch mitten in der Stadt, gegenüber dem Gemeindehaus Hälterstraße, eine wunderbare Gärtnerei, die Gärtnerei Mauf. Das entsprach doch einem humanen Konzept, daß mitten in einer Stadt etwas Grünes, Natürliches war, und das wurde alles brutal weggerissen, Neubauten hingesetzt, Lebenskreise zerstört. Was in Merseburg die Bomben verschont hatten, da hat eine verfehlte, eine völlig verfehlte Stadtentwicklungspolitik, oder sagen wir besser: Stadtverfallspolitik, bewirkt...*

Friedrich Schorlemmer wohnte mit seiner Familie in Merseburg anfangs im Neumarktpfarrhaus. Nachdem aber eine vierspurige Umgehungsstraße durch Gärten geschlagen war und dieses alte Haus plötzlich wie eine Insel im dicksten Verkehrs stand, der Lärm unerträglich wurde und Proteste verhallten, zog die Familie Schorlemmer in die damalige Straße der Deutsch-sowjetischen Freundschaft um. Friedrich Schorlemmer nannte diesen Vorgang, nicht zu Unrecht wohl, eine Vertreibung.

Halt und gegebenenfalls auch Schutz fand Friedrich Schorlemmer in Merseburg bei seinen direkten Vorgesetzten, die er sicher nicht von ungefähr als wirkliche Partner bezeichnete, die Superintendenten Ziegler und Weyhe. Und neben den oft freundschaftlichen Beziehungen zu Studenten waren es nicht zuletzt aus der Gemeindearbeit erwachsene Bekanntschaften mit klugen und verständigen Lehrlingen, jungen Schichtarbeitern und Angestellten die Friedrich Schorlemmer sagen ließen, seine Merseburger Jahre seien unverzichtbar wichtige, seien prägende Jahre seines Lebens gewesen.

Im Februar 1990, wenige Tage bevor auch Rudolf Bahro dort im übervollen Auditorium maximum endlich einen Vortrag halten konnte, wurde Friedrich Schorlemmer dann an die Merseburger Hochschule eingeladen, und der neugewählte Rektor überreichte ihm als Entschuldigung für das engstirnig feindselige Verhalten früherer Hochschulleitungen formell und ehrlich, wie Friedrich Schorlemmer empfand, die Carl-Schorlemmer-Medaille.

Peter Ramm

geboren am 8.10.1938 in Halle, besucht die
Reichweinschule, Abitur, von 1957–62 Romanistikstudium
an der Martin-Luther-Universität Halle-Wittenberg u.a. bei
Victor Klemperer, wiss. Assistent an der Deutschen
Akademie der Wissenschaften, zieht 1965 nach Merseburg,
arbeitet von 1968–90 als Lektor am Bibliografischen Institut,
promoviert, engagiert sich im Rahmen des Kulturbundes für
den Denkmalschutz, publiziert u.a.: „Die Inschriften der
Stadt Merseburg" (gemeinsam mit E.Schubert) 1968, „Der
Merseburger Dom" 1977, „Pfalz und Schloß zu Merseburg"
1983, „Alte Merseburger Bauwerke" 1984, „Barock in
Merseburg" 1985, „Alt-Merseburger Photo-Album" 1991, im
Herbst 1989 Mitbegründer und erster Sprecher des Neuen
Forum Merseburg, seit 1990 Vorsteher des neugewählten
Merseburger Stadtparlaments und Leiter der
Denkmalschutzbehörde beim Landratsamt Merseburg.

Peter Ramm

Ich möchte etwas sagen, und ich möchte mich nicht verstecken, mit diesem Satz trat der Romanist und Kunsthistoriker Dr. Peter Ramm unversehens in die politische Öffentlichkeit Merseburgs. Es war der 10. Oktober 1989, einen Tag nachdem die Leipziger Montagsdemo mit zehntausenden Teilnehmern friedlich eine neue Dimension erreicht hatte, drei Tage nachdem es im Zuge der Feierlichkeiten zum 40. Jahrestag der DDR in Berlin und Dresden zu Zusammenstößen und Verhaftungen gekommen war, Wochen nachdem die Massenflucht von DDR-Bürgern vor allem über die inzwischen offene ungarische Grenze einerseits, und die blinde Starrheit und das beharrliche Schweigen der greisen Staatsführung andererseits, schlimmste Befürchtungen weckte, Monate nach einer wiederholten, doch nunmehr dummdreisten Wahlfälschung der SED...

Für den Abend des 10. Oktober 1989 hatte das längst noch nicht legalisierte Neue Forum Merseburg zu einem ersten öffentlichen Gespräch in die Stadtkirche geladen, will sagen: der *spiritus rector* Merseburger Protestes, Pfarrer Lothar König, hatte durch ein Plakat in einem Schaukasten am Pfarrhaus in der Unteraltenburg diese Veranstaltung angekündigt, und mehr als tausend Merseburger müssen diese Ankündigung gelesen haben, bevor eines nachts nicht nur das Plakat, sondern der ganze Schaukasten brutal abgerissen wurde. Die Stadtkirche war völlig überfüllt. Immer wieder hatte die Parteiführung ähnliche Foren in vorangegangenen Tagen von Zeitungen, Rundfunk und Fernsehen als *Zusammenrottungen* verunglimpfen lassen. Umso mutiger das Statement Dr. Ramms, umso erstaunlicher wie schonungslos der Sprachwissenschaftler derlei Vorwürfe bloßstellte: ‚Zusammenrottung‘, auf *friedlich demonstrierende Menschen bezogen, ist ein schlimmes Wort, mit meinem Lehrer Victor Klemperer zu sprechen, ,Sprache des Ungeistes'. Wer in solchen Kategorien denkt und handelt, vergiftet sein eigenes Denken. Er wird dialogunfähig. Dialog aber, offenes, unvoreingenommenes Gespräch ist lebensnotwendig, ist das einzige, was uns weiterhelfen kann. Ausgrenzen und Einschüchtern kann nur Aggressionen wecken...*

Seit Jahren hatte sich Dr. Ramm für die Pflege und den Schutz Merseburger Bau- und Kulturdenkmale eingesetzt. Wurzel seines Engagements war die Überzeugung, überkommene, unersetzbare Werte nachfolgenden Generationen erhalten zu müssen. Sein Unbehagen an der Politik der DDR-Führung, insbesondere hinsichtlich des Umganges mit dem historischen Erbe, erreichte 1988 jedoch erstmals die Schmerzgrenze, als denkmalgeschützte Merseburger Gebäude im Zuge der sogenannten Innenstadtrekonstruktion grobschlächtig abgerissen wurden: das Versunkene Schlößchen, die jahrhundertealten Häuser Gotthardstraße 20, Domstraße 14 und andere. Couragiert wandte sich Dr. Ramm an das Kulturministerium in Berlin, protestierte beim Rat des Bezirkes Halle und erreichte schließlich tatsächlich, daß man weitere unwiderbringliche Altstadtsubstanz vorerst vom Abriß verschonte. Bei den Merseburger Stadt- und Kreisgewaltigen aber war er nun in Ungnade gefallen, wurde von kulturellen Vorhaben ausgeschlossen, möglicherweise sogar bespitzelt. Das Unbehagen wuchs also, drängte letztendlich dazu, das Engagement für humanistische Werte und bei Strafe des Untergangs nicht zu kappende Wurzeln, direkt in Politik münden zu lassen.

Dr. Ramm verstand Bürgerbewegung folglich nicht als Bewegung an sich, sondern vielmehr als Möglichkeit konkreter Veränderung. Innerhalb des Neuen Forum Merseburg initiierte er die Bildung von thematischen Arbeitsgruppen, zielte im Gegensatz zu Pfarrer König nicht auf Massen mobilisierende Aktionen, sondern auf größtmögliche Sachkompetenz und somit Entscheidungsbefugnis jahrelang für unmündig gehaltener, doch das Heft des politischen Handelns nun entschlossen mit in die Hand nehmen wollender Bürger.

Und wirklich erbrachte Dr. Ramms Konzept schon bald einen ersten, für das weitere Baugeschehen in der Merseburger Altstadt höchstwichtigen Erfolg. Während eines Rathausgespräches, eines Bürgerforums in Folge jener ersten öffentlichen Gesprächsrunde in der Merseburger Stadtkirche, mußten die Verantwortlichen für die Innenstadtbetonierung Anfang November 1989 auf Antrag Dr. Ramms und unter dem Druck der Anwesenden, die schon eingeleitete Großblockbebauung des Areals Gotthardstraße/Ritterstraße stoppen. Gut ein halbes Jahr später sollte das neugewählte Merseburger Stadtparlament, dessen erster Vorsteher Dr. Ramm wurde, diesen scheußlichen Bebauungsplan endgültig in Schubladen verschwinden lassen. Ein weiteres halbes Jahr später konnte den Merseburgern, dank eines von Dr. Ramm mit angeregten Architekturwettbewerbs, ein Sanierungskonzept für ihr Stadtzentrum vorgelegt werden, das den historischen Ansprüchen in Hinsicht auf Straßenführung und bauliche Gestaltung endlich gerecht werden kann.

Pfarrer König, einst treibende Kraft im Neuen Forum Merseburg, war mit seinem Verständnis, Veränderungen herbeizuführen, am 9. November 1989, mit Öffnung der Mauer, im Grunde gescheitert. Die Massen, auf die er setzte, strömten gen Westen, glaubten ihr Ziel nach meist lebenslangen Entbehrungen und Frustrationen nun wie in Trance in der Herrlichkeit des Konsums gefunden zu haben. Die Montagsdemos verkamen landesweit zu nationalistischen Kundgebungen und spielten in der weiteren politischen Entwicklung alsbald keine Rolle mehr. In Merseburg gab es vor Weihnachten immerhin noch einen vom Neuen Forum initiierten Abschluß mit Friedensgebet im Dom und Lichterkette zur Stadtkirche. Doch als der Sprecherrat des Neuen Forums Merseburg drei Tage nach der Grenzöffnung zu seiner ersten Beratung zusammenkam, fehlten selbst hier vier der gewählten acht Mitglieder, vor allem Leute, auf die Pfarrer König baute...

Folgerichtig wurde nicht Lothar König, sondern Dr. Peter Ramm erster Sprecher des Neuen Forum Merseburg. Bald wurde er auch in den Bezirkssprecherrat gewählt und kandidierte im

März 1990 sogar zur Volkskammerwahl. Obwohl an Platz 2 auf der Landesliste stehend, verhinderte das republikweit unerwartet schlechte Wahlergebnis für die Bürgerbewegungen, daß Dr. Ramm in das höchste gesetzgebende Gremium der auf die deutsche Einheit zusteuernden DDR mit einzog. Bei den Kommunalwahlen im Mai schnitt das Neue Forum in Merseburg dann jedoch unerwartet gut ab, und Dr. Ramm, der bei Abgeordneten aller Parteien und Gruppierungen hohes Ansehen genoß, wurde mit 51 von 53 möglichen Stimmen zum Vorsteher des neuen Stadtparlaments bestimmt. Ein Tag, so sagte er, an den er mit großer Genugtuung zurückdenke.

Im folgenden nutzte Dr. Ramm konsequent die Chance, seine Kompetenz in Sachen Denkmalpflege und Denkmalschutz an verantwortlicher Stelle einzubringen. Beim Neuaufbau des Merseburger Landratsamtes wurde er zum Leiter der neugeschaffenen Denkmalschutzbehörde berufen.

Und zweifellos kommt die Kontinuität seines Denkens und Handelns auch in der Rede zum Ausdruck, die er anläßlich des ersten Jahrestages der deutschen Einheit, am 3. Oktober 1991, im Merseburger Stadtparlament hielt:

Einigkeit und Recht und Freiheit, die im wahren Sinne des Wortes ergreifende Haydn'sche Melodie, mit ihrer ganzen Geschichte, ich habe sie in den zurückliegenden Zeiten manches Mal gehört, um Mitternacht im Norddeutschen Rundfunk, ohne glauben zu können, daß ich es noch erleben dürfte, sie für ganz Deutschland als Part im europäischen Konzert erklingen zu hören. Immerhin hatten wir in der Schule noch gelernt: ‚Und handeln sollst Du so, als hinge / von Dir und Deinem Tun allein / das Schicksal ab der deutschen Dinge, / und die Verantwortung wär' Dein.' Diese Verantwortung schien uns genommen – ob sie es wirklich war, macht einen großen Teil unserer Selbstzweifel aus.

Einigkeit und Recht und Freiheit: Wenn es außer der Sehnsucht nach dem gleichen Wohlstand wie westlich der DDR-Grenze, einem legitimen Begehren, das wir nun auch unseren weniger glücklichen Nachbarn im Osten zugestehen müssen, ohne sie zu verachten – wenn es denn außer dieser durchaus dominierenden

*materiellen Sehnsucht Triebkräfte gab, so waren es die Forderungen
nach Recht und Freiheit – denn: wir haben nicht gehungert und
gefroren. Aber: Gelitten hat, z.B., wer sich zum Wehrdienst
gezwungen sah, manipuliert auch durch Lehrer, die das nicht
mehr wahrhaben wollen. Ein Jahr deutsche Einheit – das ist
nicht nur ein Jahr, das ist auch das entscheidende Jahr davor:
erinnern Sie sich an den 9. Oktober 89 in Leipzig, den 4. November in Berlin, die große Demonstration und den Runden Tisch, für
uns in Merseburg auch an den 10. Oktober 89 in der Stadtkirche,
die Umweltdemo am 13. Januar 90, unsere Unterschriftenaktion
für den Brief an Gorbatschow, der uns von unseren Sorgen um
den sowjetischen Militärflughafen in Merseburg befreien sollte.
Unvorstellbar selbst damals noch, daß das in so kurzer Zeit und
so friedfertig und zivilisiert Realität werden könnte. Der Zeitraffer,
‚das umgekehrte Fernrohr‘ machen uns den ungeheuren Wandel
deutlich, der sich in so kurzer Zeit vollzogen hat, den friedlichen
Wandel, wie er unvorstellbar schien. Hier muß der Dank an Michail
Gorbatschow stehen, ohne dessen immense Leistung dieser Wandel nicht möglich geworden wäre, und der Dank an die deutschen
Politiker (vor allem seien die Namen Kohl und Genscher genannt), die die Chance des friedlichen Wandels, die die Chance
der deutschen Einheit für ein geeintes Europa entschlossen genutzt haben, die große Chance zu einem friedlichen Wandel am
Ende einer gigantischen Waffenballung.
Leider haben die Parteien in der Folge der Versuchung nicht
widerstehen können, den gewonnenen Schatz in parteipolitische
Kleinmünzen umzuprägen, so daß zu den unvermeidbaren Irritationen nach dem Zusammenbruch eines Weltsystems und dem
Bankrott einer großen Idee, der viele auch in Überzeugung gedient
haben – das alles gehört ja zu dem einen Jahr deutsche Einheit
hinzu, diese 40 Jahre davor, über die wir noch mit uns ins Reine
kommen müssen – so daß zu den unvermeidlichen Irritationen
aus Partei-Egoismus noch solche Irritationen hinzugekommen
sind, die die Gefahr einer neuen Trennung in der Einheit in sich
bergen. Wir sollten uns hier nicht beirren lassen, wir sollten uns
unser Selbstbewußtsein bewahren – von uns selbst kritisch hinter-*

fragt und nicht gegen andere gerichtet. Wir sollten unsere Chancen suchen und sehen. Bei allen Irritationen des Moments sollten wir trotzdem den Blick heben, Abstand schaffen zu uns, neben unseren Problemen auch die der anderen sehen, die Probleme von Mitmenschen aus anderen Ländern, weniger reichen, weniger demokratischen, das Geleistete am noch zu Leistenden für unsere eine Welt messen...

Mehr denn je sollte der Einzelne gefragt sein, mit seiner Phantasie und Kreativität, mit seinem Engagement und seiner Fähigkeit zu Toleranz und Solidarität. Demokratie, wie wir sie uns erträumt und erstritten haben, braucht den bewußten Bürger, der nicht nur alle vier Jahre sein Kreuz auf dem Wahlschein macht, und Demokratie braucht das Ethos und das Selbstwertgefühl des Politikers, der populistischen Versuchungen zu widerstehen weiß...

Keine Frage, Dr. Peter Ramm hat nicht nur als Philologe und Kunsthistoriker etwas zu sagen, braucht sich in Merseburg und darüberhinaus auch als Politiker keinesfalls zu verstecken, im Gegenteil.

Peter Merseburger

geboren am 9.5.1928 in Zeitz, Abitur in Leipzig, studiert in
Halle und Marburg Germanistik, Geschichte und Soziologie,
wird 1952 Mitarbeiter der „Hannoverschen Presse", 1957
Ressortchef bei der „Neuen-Ruhr-Zeitung" und 1960
Korrespondent des „SPIEGEL" in Berlin und Brüssel, 1965
Redakteur der Sendereihe „Forum" des Dritten Programms
der Nordkette, übernimmt 1967 die Moderation und Leitung
des Fernsehmagazins „Panorama" und 1968 dazu die
Chefredaktion Fernsehen des NDR,wird 1977
ARD-Korrespondent in Washington, 1982 in der DDR, 1987
in London, arbeitet ab 1991 als freier Publizist,
Veröffentlichungen u.a.: „Die unberechenbare Vormacht –
Wohin steuern die USA?" (1983), „Grenzgänger.
Innenansichten der anderen deutschen Republik" (1988),
wird 1991 mit dem Fritz-Sänger-Preis geehrt, lebt in Berlin
und in Frankreich.

Peter Merseburger

Seit Jahren waren den Merseburgern Ansichten Peter Merse-
burgers vom Bildschirm her bekannt, doch erst Ende November 1991 kam der angesehene Fernsehjournalist auch selbst in
die Stadt, deren Namen er trägt. Der neugegründete Merseburger Altstadtverein hatte ihn zu einem Diskussionsabend
eingeladen. Thema: Gibt es Hoffnung für das alte Merseburg?
Kein Wunder also, bei dieser Fragestellung und dem hier allein
schon vom Namen herrührenden Prestige des Vortragenden,
daß der Veranstaltungssaal, die Aula des Domgymnasiums,
bis zum letzten Platz gefüllt war, ja, noch Stühle eingestellt
werden mußten.

Gibt es Hoffnung für das alte Merseburg? Weltmännisch versuchte Peter Merseburger diese Frage nicht direkt zu beantworten, ließ vielmehr in seine Sicht auf Entwicklungen Erfahrungen
einfließen, die er als Fernsehkorrespondent und auf Reisen weltweit gewonnen hatte. Er berichtete über Wohngewohnheiten,
Mieten und Ghettoisierungen, Aufschwung und Verfall in anglo-
amerikanischen, französischen oder auch fernöstlichen Städten,
mühte sich, den Blick über hiesige Alltagsprobleme hinaus zu
weiten. Interessant auch sein Vergleich zu westdeutschen Städten,
wo in den fünfziger und sechziger Jahren Altstadtsubstanz nicht
selten dem Kommerz geopfert wurde, nun aber längst ein Um-
denken einsetzte, man für den Erhalt und die Pflege der alten
urbanen Zentren allenorts Sorge trage. Doch natürlich bedürfe
das eines gewissen städtischen Wohlstandes...

Merseburgs Altstadt hatte Peter Merseburger an diesem Tage
zum ersten Mal besichtigt, und er sah ein Zentrum, in dem nach
den schweren Bombenschäden des 2. Weltkrieges nicht nur dem
weiteren Verfall weitestgehend nicht entgegengewirkt, sondern

noch vorhandene, historisch gewachsene Substanz durch Großblockbebauung teilweise zerstört wurde. Auch vermißte er vieles
von dem, was eine so alte Stadt wie Merseburg liebenswert
machte: kleine Geschäfte und Handwerkerläden, einladende
Restaurants und Cafés. Als Ursache hierfür erkannte Peter
Merseburger die Vertreibung des Bürgertums aus dem Leben
der DDR-Städte. Doch ließe und würde sich das, seiner Meinung
nach, ändern. Mit Sicherheit könne eine Stadt wie Merseburg
ihre anti-urbanen Züge nach und nach ablegen, sei doch dem
weiteren Plattmachen erst einmal Einhalt geboten.

Gibt es Hoffnung für das alte Merseburg? Entscheidend werde
der Aufschwung der ganzen Region sein, einer, im Vergleich zu
anderen ostdeutschen Landstrichen, durch die Braunkohleförde-
rung und -verarbeitung und die chemische Großindustrie doppelt
und dreifach gebeutelten Region, sagte Peter Merseburger. Die
Kommandowirtschaft habe es insbesondere hier versäumt in die
Zukunft zu investieren, und diese Altlast werde Merseburg noch
einige Zeit zu schaffen machen.

Ein einheimischer Referent wäre an dieser Stelle wahrscheinlich
auf die historische Bedeutung Merseburgs eingegangen, Königs-
pfalz, Bischofs- und Herzogsresidenz, preußische Provinzialhauptstadt, hätte wohl auch die weithin bekannten Merseburger
Zaubersprüche angeführt, um eine Brücke aus glanzvollen Tagen
der Vergangenheit in eine lebenswerte Zukunft zu schlagen.
Peter Merseburger versuchte dies nicht. Aus Bescheidenheit, da
er bei seinem ersten Besuch hier nicht anmaßend den Eindruck
erwecken wollte, die mehr als tausendjährige Geschichte Merseburgs schon gebührend zu kennen? Oder vermochte er die
Geschichtsträchtigkeit Merseburgs als Faktor des wirtschaft-
lichen und kulturellen Aufschwungs nur mit Skepsis zu sehen?

Er habe hier den Rauch auf der Zunge gespürt, sagte Peter
Merseburger und meinte damit offenbar, wie sehr die alte Kaiserstadt Merseburg nach Jahrzehnten hemmungsloser Umwelt-
zerstörung geschichts- und gesichtslosen Städten wie Bitterfeld
oder Wolfen gliche. Keinesfalls dürfe man sich nun, im wieder-
vereinten Deutschland, an nicht zu Haltendes klammern, mög-

lichst tiefgreifender Struturwandel sei die Chance, die Chemie-
riesen Leuna und Buna eingeschlossen.

Gibt es also Hoffnung für das alte Merseburg? Dem einen oder
anderen Merseburger dürften sich durch die Live-Diskussion mit
Peter Merseburger wohl neue Denkansätze erschlossen haben.

Fotonachweis:

- Bergakademie Freiberg (1),
- Bibliothek des Kreiskrankenhauses Merseburg (1),
- Bibliografisches Institut (6),
- Merseburger Anzeiger (2),
- Merseburger Kreiskalender (2),
- Merseburger Land (16),
- Mitteldeutsche Zeitung (1),
- Privat (2),
- Sammlung Wolff (2),
- S. Kämpf (2),
- Stadtarchiv Merseburg (10),
- Stadt- u. Kreisbibliothek Merseburg (5)

Für die freundliche Unterstützung danke ich insbesondere

- dem Stadtarchiv Merseburg,
- dem Museum Merseburg,
- der Stadt- u. Kreisbibliothek Merseburg,
- dem Merseburger Altstadtverein e.V.,
  dem Verein ehemaliger Domschüler
  und Freundeskreis Domgymnasium Merseburg e.V.,
- Herrn Dr. Pleßke in Leipzig und Herrn Dr. Hess in Toronto
- sowie allen auskunftsfreudigen Merseburgern.

J.J.